新场景营销

张建平 ◎ 著

当代中国出版社
Contemporary China Publishing House

图书在版编目（CIP）数据

新场景营销 / 张建平著. -- 北京：当代中国出版社，2025.4. -- ISBN 978-7-5154-1538-3

Ⅰ.F713.3

中国国家版本馆 CIP 数据核字第 20254V0T71 号

出 版 人	蔡继辉
责任编辑	陈　莎
策划支持	华夏智库·张　杰
责任校对	贾云华　康　莹
出版统筹	周海霞
封面设计	回归线视觉传达
出版发行	当代中国出版社
地　　址	北京市地安门西大街旌勇里 8 号
网　　址	http://www.ddzg.net
邮政编码	100009
编 辑 部	（010）66572180
市 场 部	（010）66572281　66572157
印　　刷	香河县宏润印刷有限公司
开　　本	710 毫米×1000 毫米　1/16
印　　张	14.5 印张　167 千字
版　　次	2025 年 4 月第 1 版
印　　次	2025 年 4 月第 1 次印刷
定　　价	89.00 元

版权所有，翻版必究；如有印装质量问题，请拨打（010）66572159 联系出版部调换。

推荐序

拥抱新商业时代

近年来,全球经济环境复杂多变,伴随着互联网信息技术的加速革新,品牌与消费者之间的互动模式和接触场景呈现出丰富多样的创新态势,全球营销市场正面临着前所未有的严峻挑战和战略机遇。本书作者张建平,作为一位有着儒商精神与家国情怀的企业家,全身心地投入这场逐渐以数字化、个性化、体验化为主流趋势的营销变革讨论中。作为创新创业实践的一名指导老师,他在经历了一条从传统到创新的场景营销发展之路后,通过丰富的实例解析与前沿理论整合,写了这本《新场景营销》,在书中描绘了一幅幅生动的场景营销图景。对于每一位营销人而言,这本书恰如错综复杂的营销变革道路上的一个指南针,为寻求突破与创新的探索者们指引着方向。

这本书,可以说是全流程场景营销实战的副产品,是一个营销变革实践者借文字去探讨营销环境变迁逻辑的作品。本书描述了不再拘泥于物理空间限制的新场景营销的生成过程,宣告新旧营销思维与模式跃迁的根本所在。同时,本书还研讨了在市场环境的复杂变化中,在信息洪流与消费行为的变迁裹挟下,如何去实现品牌与消费者之间新场景营销路径的转向,即从单一的产品推销转向全面的生活方式提案,从被动等待客户选择到主动创造需求场景,从追求短期交易到建立长久的情感联系。

这个现实的营销逻辑，这个我们可以真正去实践和掌握的营销方案，便是"新场景营销"。"新场景营销"是在重塑品牌与消费者之间的互动模式进程中所体现出来的更加开放和创新的营销图景。这种开放和创新，并非单纯指物理空间意义上的场景延拓，更是指品牌与消费者之间具有高度相关性、情感共鸣力的更为紧密的连接样态。由此，场景营销跳出了传统框架，开始追求线上线下的无缝融合、虚拟与现实的边界消弭、基于大数据与人工智能的精准触达等边界的突破路径，并试图以此种新场景为依托，构建起持续运转的营销循环。

《新场景营销》不仅是一部理论与实践紧密结合的著作，更是一个时代的宣言，它宣告营销思维与策略的全新升级。它不仅能够帮助我们理解营销环境的变迁，掌握场景营销的精髓，还能激励我们跳出传统框架，以更加开放和创新的思维去直面未来市场的复杂和挑战，积极把握数字化转型中的有效路径，努力拥抱这个充满无限可能的新商业时代。

西北大学原校长　郭力宏

2025 年 1 月

前言

数字化转型下的场景营销革命

在当今人工智能和大数据时代,产业升级、技术革新与社会发展交织共舞,数字化浪潮席卷全球。这深刻改变着人们的生活方式和商业模式。在这一背景下,企业与消费者的连接方式也经历着前所未有的重塑,这迫切需要人们探索新的营销模式以适应快速变化的市场环境。在此情况下,场景营销作为一种基于用户场景的精准营销策略应运而生,并逐渐成为数字化转型时代营销领域的革命性力量。

场景,这个曾经被视为营销背景的因素,正逐步走向舞台中央,成为激活用户情感、塑造品牌价值的核心要素。场景营销正是这一转变的催化剂,它要求我们不仅要洞察用户在何时、何地、何种状态下有怎样的需求,更要创造与之相匹配的个性化体验,从而在消费者的心中占据不可替代的位置。

在流量成本日益高涨、用户注意力碎片化的今天,传统的营销逻辑已难以维持昔日的辉煌——传统购物场景是"到店—拿货—付款—走人",网店零售的场景是"浏览—购物车—付款—收货",相对来讲都比较简单,在今天已无法满足当代消费者日益多样化与个性化的消费期待。

随着时间和空间维度的拓宽，新场景显得越来越复杂：从线下门店的直接购买，到线上App的指尖轻触；从小程序的便捷购物，到店中触屏的科技感体验；从虚拟现实（VR）带来的沉浸式购物，到在智能货架上进行的智慧选择，再到直播平台上的即时互动交易……每一种新场景都是对传统模式的革新与超越，它们共同编织了一个丰富多彩的消费网络。

在"老"场景升级为新场景的过程中，一个关键节点是由"寻找用户"向"理解用户"转变。这不仅是策略上的调整，更是思维模式的根本跃迁。过去，企业往往将重心放在如何扩大用户基数上，并通过各种渠道吸引潜在消费者的注意力。然而，在新场景时代，这种广撒网式的做法已不再奏效。企业已不再只是简单地推广产品，而是需要通过对消费者场景的精准把握，来开启新的营销模式。这种营销模式能够更加深入地吸引消费者，提高消费者的参与度和满意度，进而提高企业的品牌影响力和转化率。

《新场景营销》一书洞见了新、"老"场景变革的本质，深度剖析了数字化时代下新场景营销的底层逻辑，力图呈现一幅全新的营销格局，并以丰富的案例为基础，为企业在数字化转型中寻找有效的突破路径提供独到见解。

本书不仅聚焦理论和方法论的探讨，更注重实战经验的分享。书中精心挑选了一系列鲜活的案例，这些案例涵盖了场景进化的各个阶段——从最初的场景搭建到最终的场景互联，从场景触发的瞬间到场景创新的火花，再到场景赋能的全过程。这些案例如同一扇扇窗户，可以让读者从不同维度看见场景思维的运用,并突破固有框架,重塑用户交互模式。

无论是企业家、创业者,还是市场营销专业人士,甚至是对商业世界和新营销充满好奇的读者,都能从本书中学到宝贵的知识,得到启发,进一步激发创新的灵感。

下面,就让我们一起踏上这趟场景革命的旅程,共同探索如何在复杂多变的市场环境中通过构建独特的新场景体验来实现用户价值的最大化,从而开启品牌与用户连接的新纪元,推动企业持续发展。

目录

第一章 新场景营销：AI时代的新商业引擎

1. 未来的商业图谱将由场景定义 / 2
2. 营销场景化——新商业的"颠覆性"玩法 / 5
3. 5G技术引领下的新场景营销革命 / 9
4. 大数据助力深度洞察用户 / 12
5. VR/AR与全息技术构建沉浸式场景 / 16
6. AI解锁O2O体验新次元 / 19
7. 智能场景应用加速营销模式升级 / 23

第二章 营销要进化，更要场景化

1. 场景，一种全新的连接方式 / 30
2. 为什么传统的流量模式越来越玩不转 / 33
3. 场景为王：移动互联时代的新商业信条 / 37
4. 新场景营销的三大模式 / 40
5. 新场景营销的四大特征 / 42
6. 新场景营销的五大优势 / 46

第三章　场景搭建："景"要怎么造，生意才会火

1. 重金"造景"，为什么效果不理想 / 52
2. 正确的场景定位，实现精准营销 / 55
3. 新消费带来两大营销趋势 / 59
4. 场景搭建的三个核心环节 / 62
5. 搭建新商业场景的四个基础 / 65
6. 场景赋能营销的五个关键要素 / 68
7. 提升用户转化率的六个要素 / 71

第四章　场景触发：瞬间点燃消费欲望的营销策略

1. 从"人货场"模式到场景化消费 / 78
2. 热销场景：点燃用户的购买热情 / 81
3. "心动"场景：制造情感共鸣的心动瞬间 / 83
4. 互动场景：实现用户与品牌的深度连接 / 87
5. 体验场景：让用户尽享非凡感受 / 90
6. 社交场景：加速口碑传播的新引擎 / 94
7. 教育场景：让知识赋能社群互动 / 97
8. 娱乐场景：融合趣味与价值的体验策略 / 100
9. 故事场景：增强品牌的说服力与吸引力 / 104
10. 情感连接场景：深化品牌忠诚度的互动实践 / 108

第五章 场景创新：解锁新场景，拓展商业边界

1. 数字转型：提升用户参与度和品牌黏性 / 114
2. 场景跨界：破圈营销，实现"1+1＞2" / 118
3. 多元场景：全方位营销，让品牌影响力最大化 / 121
4. 创意融合：全面融合新技术、新渠道、新打法 / 124
5. 空间重构：重新定义和设计空间 / 127
6. 逆向整合：逆向设计产品特性和服务模式 / 130
7. 快速迭代：对新场景原型测试、优化 / 134

第六章 场景赋能：顶尖企业如何玩转营销魔法

1. 虚拟现实：Oculus 的沉浸式体验引领潮流 / 138
2. 无界零售：阿里巴巴的"新零售"打破购物界限 / 140
3. 云端办公：谷歌用新场景打破传统办公空间 / 143
4. 自助服务：宜家家居的体验式购物环境 / 146
5. 动态定价：场景感知下的价格策略优化 / 149
6. 智能家居：小米科技的营销赋能策略 / 153
7. 智慧出行：解决城市出行"最后一公里"问题 / 156
8. 智能语音：亚马逊为用户提供全新的家居交互体验 / 160
9. 智能穿戴：苹果，让科技与时尚相融合 / 163
10. 元宇宙场景：中国移动咪咕开拓阅读新境界 / 166

第七章　场景互联：开启新营销的未来之门

1. 新场景营销的三大方向 / 170
2. 从单点突破到多维互动 / 173
3. 营销场景与用户生活深度融合 / 175
4. 场景服务化：实现从"产品"到"方案"的转变 / 177
5. 场景营销更注重社交化与口碑传播 / 181
6. 智能化与自动化深度融合 / 183
7. 商业生态圈更开放、更互联 / 186
8. 从全球视角不断解锁本地化场景策略 / 189

第八章　场景安全：构建可信赖的营销生态

1. 隐私保护：用户信息的加密与匿名化处理 / 194
2. 数据安全：构建全方位的信息防护措施 / 197
3. 交易安全：筑牢在线支付的防线 / 200
4. 欺诈防范：做营销场景安全的守护者 / 203
5. 库存安全：供应链场景下的智能化预测 / 207
6. 危机应对：场景模拟下的公关策略调整 / 210

结束语：移动互联时代，探索属于你的营销新场景 / 215

第一章
新场景营销：AI时代的新商业引擎

如果说过去的营销策略是在茫茫大海中寻找灯塔，那么新场景营销作为一种融合了人工智能、大数据、物联网等先进技术的全新营销模式，正以其精准、高效、个性化的特点，引领越来越多的企业驶向未曾触及的商业蓝海。

1. 未来的商业图谱将由场景定义

过去，商业帝国的构建主要依赖产品、技术、商业模式或品牌的单一优势。随着科技的飞速进步和消费者需求的深刻变化，如今的商业逻辑已经发生了变化，企业想要通过某一核心优势或是简单扩张从而在市场中建立竞争壁垒、获得成功，已变得越来越不可能。

企业要勾勒好自己的商业版图，必须先打造一个具有韧性、能够自我进化和适应外部变化的生态系统，即不仅要在产品或服务上下功夫，还要在营销策略上发力。营销，作为商业生态系统中的关键环节，是企业与消费者之间沟通的桥梁，是价值传递的纽带。特别是在 AI（人工智能）技术的加持下，营销不再只是单向的信息推送，而是转变为一种双向互动、个性化定制的场景。也就是说，未来的营销不再是简单的买卖交易，而是一个个生动、具体的场景串联起来的全新世界。

当你走进这样的商业空间后，你不仅是在购物，更是在体验一种全新的生活方式。每一个货架、每一个角落，都被精心设计成具有特定主题和氛围的场景，让你在选购商品的同时，也能沉浸在一种理想化的生活情境中。

比如，你进入一家未来商店，无须排队，面部识别技术自动完成支付；

或者你置身于一个虚拟的试衣间，全球最新的时尚单品触手可及。这些并非科幻电影中的桥段，而是即将成为日常的商业场景。

场景，本来是一个影视用语，指剧情展开的具体环境或背景，是包括时间、地点、人物行为、布景、氛围等元素在内的综合体现。它是故事叙述的基本单位，每一个场景都服务于推动故事情节、塑造人物性格或表达主题思想。在广义上，场景可以指在任何特定时间与地点下发生的情况或事件的情景，可以是现实生活中的某个瞬间，如节日庆典、工作环境、自然风光等，也可以是抽象概念中的情境，如历史事件的再现、梦境描绘、心理活动的内心景观等。

在新场景营销中，"场景"是指一种策略，人们可以运用这种策略，深入理解并利用消费者在特定情境下的需求、行为习惯以及情绪反应，通过创造或利用现有的环境和情境，将产品或服务以更加贴合、自然和引人入胜的方式呈现给目标消费者。这种营销方式超越了传统的广告形式，更加注重用户体验、情感共鸣和个性化互动，旨在通过精准定位和创意传达，激发消费者的即时需求和购买意愿。

在营销学中，场景可以理解为场和景的结合，是连接消费者与商品（或服务）的桥梁，包括"5W+1H"六大要素，即 Who（谁）、What（什么）、Where（在哪里）、When（何时）、Why（为什么）和 How（如何）。

（1）Who（谁）

在过去，了解目标消费者通常依赖传统的市场调查、问卷和面对面访谈。这些方法耗时且样本有限，无法全面反映消费者的真实情况。未来，利用大数据和人工智能，企业可以更精细化地为消费者画像，包括详细描述消费者的兴趣偏好、购买历史、在线行为等，从而实现个性化营销。

（2）What（什么）

过去，获取产品或服务的信息主要依靠广告、纸媒体和口碑。企业对消费者需求的理解可能基于历史数据和经验，而不是实时的反馈。随着物联网（IoT）和增强现实（AR）/虚拟现实（VR）技术的发展，产品和服务可以提供更加沉浸式和个性化的体验来满足消费者更深层次的需求。

（3）Where（在哪里）

传统的营销渠道主要集中在实体店，如商场、专卖店等。实体店的地理位置对消费者购买行为有很大影响。而在当下，数字化和移动互联网的普及使线上购物成为常态，同时线上线下融合线上营销（O2O）的模式打破了地理限制，创造了全新的购物场景。

（4）When（何时）

过去，营销活动的时机选择往往依赖于季节性、节假日或传统营销周期，实时的市场反应和消费者行为监测相对较少。如今，实时数据分析使企业能及时响应市场变化和消费者行为，实现营销活动的即时触发，如基于位置的服务（LBS）和情境感知营销。

（5）Why（为什么）

过去，消费动机的研究主要基于心理模型和消费行为理论，缺乏大数据分析的支持。如今，深度学习和情感分析等技术可以帮助企业更加深入地理解消费者的消费动机和情绪，从而设计更切合消费者需求的营销策略。

（6）How（如何）

与过去营销策略实施主要依赖于传统的广告手段，如电视、广播、报纸和网络广告，以及邮件和电话营销等不同，当前及未来的社交媒体、内容营销、影响者营销以及程序化广告等新型营销手段，能够让营销活动更具创意和消费效果，也更加注重与消费者的互动，提升其参与感。

由此可见，场景营销是一种高度策略化和动态调整的营销模式，它强调的是营销活动与消费者生活场景的无缝对接，最终实现商业价值的最大化。未来的商业世界，不再是冷冰冰的交易场所，而是一个个充满温度和情感的生活场景。在那里，人们在尽情购物、休闲、娱乐的同时，也能找到属于自己的生活方式和态度。这就是未来商业图谱的真谛所在——以场景为纽带，连接消费者与品牌，共同创造更加美好的生活体验。

2. 营销场景化——新商业的"颠覆性"玩法

从传统的广告轰炸，到社交媒体的病毒式传播，再到如今的营销场景化，商业世界正在经历一场颠覆性的变革。营销场景化作为一种全新的商业策略，正以独特的魅力颠覆我们对商业模式的认知，也正逐步改变着企业与消费者互动的规则，重塑市场格局。

营销场景化，顾名思义，就是将产品或服务融入消费者的生活场景中，让消费者在自然的生活状态下感受到产品或服务的价值和魅力。这种营销方式打破了传统的营销边界，让营销活动更加贴近消费者的生活，更加生动有趣，更具有说服力。例如，星巴克不仅是一家咖啡店，它还创造了一种独特的场景——"第三空间"，介于家和办公室之间的舒适社交环境。在这里，人们在享受一杯咖啡带来的惬意的同时，也可以阅读、工作或与朋友交谈。星巴克通过营造温馨舒适的氛围，将咖啡文化与现代都市人的生活方式相结合，使其成为消费者生活的一部分。

星巴克深刻理解消费者的需求和心理，将产品或服务巧妙融入消费者的生活场景中，创造出令人难忘的品牌体验。通过这种消费方式，品牌不仅能够提升产品销量，还能与消费者建立更深层次的情感联系。

这种带有"颠覆性"的营销，打破了传统营销中产品与消费者之间的单纯交易关系，转而强调产品与服务在特定场景下的情感体验。除此之外，它的"颠覆性"还体现在以下几个方面：

（1）从大众营销到精准定位

你有没有注意过：为什么有些广告就像懂"读心术"，仿佛知道你的所有喜好？其实这就是精准营销。过去，广告商们像是渔夫一样，在大海里漫天撒网，希望能捞到几条鱼。但现在，他们学会了用精准的数据分析和用户画像来瞄准目标，就像狙击手一样，一瞄一个准。这样，广告信息就能在最合适的时间、最恰当的地点，以及最符合消费者心意的方式，不着痕迹又"一击即中"地送到你面前。

（2）从产品推销到体验创造

过去，我们看电视购物，主持人总是滔滔不绝地介绍产品的功能特性，但说实话，那种干巴巴的推销方式真的很难打动人心。而现在，营销人员变得更聪明了，他们不再只是简单地推销产品，而是开始为用户创造一种独特的、有价值的体验。

（3）从静态展示到动态互动

以前看广告就像是在看一幅与我们没什么关系的冷冰冰的画，我们只是在画外欣赏。但现在，数字技术让我们能够真正参与到广告中，成为"剧中人"。通过AR/VR技术，我们可以亲身体验产品的魅力；通过社交媒体和即时通信，我们可以与品牌进行实时互动。这种动态的、双向的交流方式，无疑能够让我们更加深入地了解和喜爱一个品牌。

（4）从单一渠道到全渠道融合

过去，品牌往往选择某一特定的渠道进行推广，比如黄金时段的电视广告、黄金位置的户外广告或繁华地段的实体店铺。这些方式虽然在一定程度上能够达到宣传效果，但受限于推广渠道的单一性，总有些潜在的消费者被遗漏。

场景化营销以其独特的视角和策略，成功地打破了传统营销渠道的界限，实现了线上线下的完美融合。在这个新的营销模式下，社交媒体、电商平台、实体店等各种渠道不再是孤立的存在，而是相互协同，共同构成一个全方位、多维度的营销网络。

（5）从被动接受到主动参与

场景化营销彻底改变了消费者与品牌之间的互动模式。在传统的营销方式中，消费者往往只是被动地接收信息，品牌传递什么，他们就接收什么，缺乏主动参与和反馈的机会。现在，场景化营销打破了这种单向的沟通模式。它鼓励消费者从被动的信息接收者转变为积极的参与者，让消费者能够真正融入品牌故事中，成为品牌传播的一部分。通过UGC（用户生成内容），消费者可以分享自己的使用心得、创意和见解，这些内容不仅丰富了品牌的内涵，也让其他消费者更加真实地感受到了产品的魅力和价值。

同时，场景化营销也让消费者成了品牌故事的共同创作者。这种自下而上的传播效应不仅更为强大，而且更加可信，因为消费者的真实体验和发出的声音往往比任何广告都更具说服力。这也正是场景化营销所追求的——让消费者成为品牌的最佳代言人。

(6)从短期促销到长期关系建设

在传统营销中,企业往往更看重短期内的销售业绩和利润增长。因此,可能会采用各种促销手段,如打折、送赠品等来吸引消费者的眼球,刺激消费者的购买欲望。其实,这样做很难保证消费者的长期忠诚度和品牌黏性。

场景化营销更注重与消费者建立长期、稳定的关系。它不仅关注眼前的销售业绩,更致力于通过持续提供个性化的体验和增值服务,来深化品牌与消费者之间的情感联系。在场景化营销的理念中,每一位消费者都是独一无二的,他们有着各自的需求、偏好和期望。因此,企业需要深入了解消费者,为他们量身定制合适的产品和服务,让他们在享受购物的同时也能感受到品牌的关怀和尊重。为此,场景化营销会利用各种数据分析和用户画像工具,精准地洞察消费者的需求和行为模式。同时,它还会通过社交媒体、电商平台等渠道,与消费者保持密切的互动和交流,及时收集和处理他们的反馈和建议。这样,企业就能不断优化产品和服务,满足消费者的期望和需求,进而与他们建立起深厚的情感连接。

营销场景化作为新商业时代的一股颠覆性力量,不仅代表着营销策略的革新,也是一次深刻的品牌与消费者关系的重构。在这场变革中,企业不再局限于传统的推销模式,而是通过深度挖掘和理解消费者的生活方式、情感需求与价值取向,将品牌故事巧妙地融入日常生活各个场景之中,由此创造出一系列沉浸式的、富有情感共鸣的体验,建立与消费者深层次连接。

3. 5G技术引领下的新场景营销革命

在科技飞速发展中,5G技术正引领我们进入一个全新时代。从2019年5G正式商用开始,因其超高速率、超低时延、海量连接等特性,不但改变了我们的通信方式,也带来了一场营销革命。在这场变革中,新场景营销正成为企业竞争的焦点。

在5G的加持下,虚拟现实、增强现实不再仅仅是游戏爱好者的专属工具,它们摇身一变,成为营销舞台上的超级明星。消费者想试试最新款的跑鞋,不必亲临实体店,只需轻轻一点,增强现实技术就能让你在家里"试穿",感受每一个细节。消费者想要去远方旅行,VR旅游带你瞬间穿越,预览目的地的每一个角落,仿佛亲自踏上了那片土地。

再想象这样一些场景:当你走进一家商场,无须动手,你心仪的商品就仿佛有心灵感应一样出现在你眼前;或是你参加一场远在万里之外的音乐会,无须到场,却如同置身现场,感受音符在你的指尖跳跃……这一切,不再是科幻电影中的情节,而是5G技术引领的新场景营销革命正在为我们创造的奇妙现实。

可见,5G这个看似简单的缩写,却像一把钥匙,打开了通往无限想象的大门。5G技术究竟正在哪些方面引领新场景营销革命呢?

（1）穿越时空的沉浸体验

5G技术的高速传输能力，使得高清视频、虚拟现实、增强现实等内容的实时传输成为可能，极大地丰富了营销场景的表现形式。品牌可以通过5G网络，向消费者提供超高清的直播体验、沉浸式的虚拟现实广告，甚至提供远程增强现实试穿、试驾服务，让消费者无须亲临现场，就能获得身临其境般的体验。

同时，5G技术的大容量特性，意味着它可以同时连接更多的设备，这为物联网和智能城市的构建打下了坚实的基础。在这种营销场景中，品牌方可以利用遍布城市各处的智能设备，如智能广告牌、智能橱窗、可穿戴设备等，构建一个无缝连接的营销网络。通过这些设备收集的数据，企业可以深入了解消费者的实时行为和偏好，进而调整营销策略，创造更加个性化和场景化的营销体验。

（2）定制化的个人舞台

在5G世界里，每个人都是独一无二的主角。大数据和人工智能的深度融合，让营销信息不再是千篇一律的广告，而是变成了为你专门写下的独白。你的每一次点击、每一次浏览，都在悄悄告诉这个世界你的喜好和需求。于是，广告不再是打扰，而是贴心的建议，是适时出现的解渴甘霖，让你忍不住感叹："这正是我需要的！"

（3）万物皆可言

5G的高速度与低延迟特性，不仅让物联网由概念进入我们的日常生活，更让每一个看似平凡的物品都拥有"说话"的能力，成为品牌与消费者之间沟通的桥梁。

比如，冰箱可以成为家庭的智能生活管家。通过内置的传感器和智能系统，冰箱可以实时监测食物的状态，预测消耗情况，并在牛奶、鸡蛋等常用食材即将耗尽时，自动向超市或电商平台发送补货信息。

这种无缝衔接的购物体验，不仅节省了消费者的时间和精力，也让品牌得以在日常生活的细微之处展现其贴心与关怀。

（4）实时互动，拉近心的距离

以往人们在线观看直播，常常会遇到画面卡顿、音画不同步等问题，严重影响观看体验。而现在，借助5G网络，即便是身处千里之外，也能享受如同现场般的高清直播。每一帧画面都清晰流畅，每一个细节都清晰可见，让人仿佛置身事件中心；每一次心跳、每一次欢呼都与现场同步，让距离感瞬间消失。

5G技术不仅提升了直播的质量，还增强了实时互动的效果。观众可以通过弹幕、实时评论、投票等方式，与主播、嘉宾甚至是其他观众进行即时交流。这种互动不仅让直播变得更加生动有趣，还让每一位参与者都有了存在感和参与感。无论是品牌发布会的提问环节，还是音乐会的点歌互动，5G都让观众从被动的旁观者变成主动的参与者，大大拉近了人与人之间心灵的距离。

（5）赋能智慧营销

5G赋能下的智慧营销，就像一个拥有自我学习能力的智者。每一次营销活动的执行，都会产生大量的反馈数据，包括但不限于点击率、转化率、用户留存等关键指标。这些数据被实时收集并分析，用于评估活动的效果，并据此进行动态调整。营销策略不再是一成不变的计划，而是可以根据市场反应快速迭代和优化的过程。例如，如果一项促销活动在特定时间段内效果不佳，那么系统就可以自动识别并调整推送时间或内容，以寻找最佳的营销组合，实现资源的最优化配置。

在由 5G 编织的商业画卷中，营销不再是一场单向的宣讲，而是双向的对话，既是心灵的触动，亦是生活的艺术。它让我们看到，科技不再是冷冰冰的工具，而是有温度的"魔法"，它让营销更加生动有趣，让商业世界变得更丰富多彩。

4. 大数据助力深度洞察用户

在数字化浪潮中，"大数据"这个看似高大上的词汇，其实已经悄然融入我们生活的方方面面。消费者每一次在线购物、每一条社交媒体动态、每一次网页浏览，都在为大数据的海洋注入涓涓细流。而这些数据，正是企业了解用户、洞察市场的宝贵资源。

从这个意义上说，大数据正在成为商业竞争的利器，它不仅能够助力企业深度洞察用户需求，更能实现精准营销，让企业在激烈的市场竞争中脱颖而出。

深度洞察用户，意味着企业要从海量的数据中提炼出有价值的信息，了解用户的真实需求和偏好。比如，通过分析用户的购物记录，企业可以发现用户的消费习惯和趋势；通过监测用户在社交媒体上的言论，企业可以把握用户对产品的态度和情感倾向。这些深度洞察，不仅能帮助企业优化产品设计和服务，更能为企业的营销策略提供有力的支持。

而精准营销,则是大数据应用的另一大领域。在过去,企业营销往往采用"大水漫灌"的方式,不仅效果有限,还可能造成资源的浪费。而现在,借助大数据的力量,企业可以实现营销的精准化。比如,通过分析用户的地理位置、消费能力、兴趣爱好等多维度信息,企业可以为用户推送个性化的广告和优惠信息,从而提高营销的转化率,增强营销的效果。

可见,大数据的应用不仅改变了企业的营销方式,也重塑了商业竞争的格局。谁能够更好地利用大数据,谁就更有可能在商业竞争中把握先机。

那么在场景营销中,如何通过大数据实现对用户的深度洞察呢?

(1) 构建360度用户画像

通过大数据技术,可以有效整合来自多个渠道的数据信息,如用户在社交媒体上的互动行为、过去的购买记录、网站浏览历史以及地理位置数据等。这些数据点,经过精细化的处理和分析,能够共同构建出一个立体且多维度的用户画像。这样的用户画像远不止包含传统的人口统计学信息,如年龄、性别、地域等,而是能进一步地揭示了用户的深层次特征,如他们的兴趣偏好、消费习惯、消费能力、日常生活轨迹等。

借由360度用户画像,企业能够更全面地理解目标受众,洞察每一位用户的独特需求和潜在兴趣。这不仅有助于企业精准地定位市场,更能为其在制定产品策略、市场推广以及客户关系管理等方面提供有力的数据支撑。

(2) 预测性分析与需求洞察

通过运用先进的机器学习和高级分析算法,大数据工具能够深度挖掘用户数据中的隐藏模式,从而精准地预测用户的未来行为。这些预测可能涉及用户的购买倾向、对产品偏好的变化，甚至是客户流失的可能性。

这种预测性的洞察具有很高的战略价值。它不仅能够助力企业提前规划和布局市场策略，更能指导企业有针对性地设计符合市场趋势的产品或服务。此外，这些宝贵的数据洞察还能为企业制定营销策略提供科学依据，帮助企业实现个性化的市场推广，提高营销效率和成功率。总体来说，预测性分析与需求洞察是企业在激烈的市场竞争中把握先机的关键。

（3）精准定位与个性化推广

有了详尽的用户画像和预测性分析，企业能够精准地定位其目标客户群。这种定位不仅基于用户的基本属性，还充分考虑了他们的兴趣、行为模式以及未来可能的消费行为倾向。有了这些丰富的数据作为支撑，企业可以进行高度个性化的精准营销活动，实现一对一的精准推送。这样，不仅可以在正确的时间通过合适的渠道向用户推送信息，而且推送的信息内容本身也是根据每个用户的独特偏好而量身定制的。也就是说，用户收到的每一条信息都是他们可能感兴趣的，从而大大提高了市场推广的效率和转化率。

（4）实时营销响应

得益于5G等高速网络技术的迅猛发展，大数据分析现在能够实时进行，为企业提供了前所未有的即时决策能力。这意味着，在用户行为发生的瞬间，企业就能够迅速捕捉并分析这些数据，然后立即作出相应的响应。

例如，当用户在网站上浏览并表现出对某一产品的浓厚兴趣时，企业的营销系统便能够立刻识别出这位用户，并在用户浏览的过程中就为其推送相关的优惠信息或推荐类似的商品。这种实时的营销响应，不仅能够有效抓住用户的即时购买冲动,提高转化率,还能为用户提供更加贴心、更加个性化的购物体验。这种以用户为中心,实时响应的营销策略,正逐渐成为数字营销的新亮点。

(5)效果追踪与优化

大数据技术不仅可以帮助企业在营销活动的初始阶段进行精准定位,还能在营销活动之后发挥重要作用,特别是在效果追踪与优化方面。通过跟踪用户对营销信息的响应情况、参与度以及后续的相关行为,企业可以细致地了解每一次营销活动的实际成效。采用这种数据驱动的评估方法,可以使企业能够快速识别出哪些策略有效,哪些策略需要改进。

基于这些数据反馈,企业可以不断调整其商业模式和营销策略,优化资源配置,确保每一次营销活动都能达到最佳效果。这种闭环式的优化机制不仅提高了营销活动的针对性,还大大提升了营销资源的利用效率,为企业实现投资回报率(ROI)的最大化提供帮助。

(6)异常监测与风险管理

大数据工具能够对海量数据进行实时监控和智能分析,一旦识别出与常规模式不符的异常行为,系统就会立即发出警报,使企业能够在第一时间采取措施,预防潜在的风险。这种基于数据的风险管理方法,极大提高了企业的风险应对能力。

不可否认,如今大数据技术已经渗透到企业营销的每一个环节,成为企业深入了解用户、提升营销精准度的强大工具。它不仅显著增强了用户体验,优化了营销流程,还为企业创造了更高的商业价值。随着技术的持续进步和创新,大数据在精准营销领域的应用将会更加广泛且深入,为企业抓住更多的商业机会和可能性。

5. VR/AR与全息技术构建沉浸式场景

在这个数字化飞速发展的时代，虚拟现实、增强现实以及全息技术正共同开启一个全新的沉浸式场景时代，它们不仅是技术的革新，也是对人类感官体验的一次彻底颠覆。

虚拟现实技术，以其独特的360度全景视角，将我们带入一个完全由数字构建的虚拟世界。戴上虚拟现实头盔，我们仿佛瞬间穿越了时空，置身于任何设定的场景中——无论是远古的丛林、世外的桃源、未来的都市，还是外太空的星际航行。这种沉浸式的体验，让我们能够以前所未有的方式，去感知和探索未知的世界。

增强现实技术，则是在现实世界中叠加虚拟元素，创造一种亦真亦幻的混合现实。通过手机或特制的增强现实眼镜，我们可以在日常生活中看到虚拟的指示、标签甚至是互动角色。可以想象一下，你在购物的时候，如果可以通过增强现实技术试穿虚拟的衣物，或者在家中布置虚拟家具，提前预览装修效果……这将是怎样的一种场景和体验？这种技术的融合，让现实世界变得更加丰富多彩，充满无限可能。

如果说虚拟现实是让我们逃离现实，那么增强现实则是让现实世界变得更加丰富多彩。全息技术则更进一步，它能够在空间中投影出三维立体影像，无须任何辅助设备，观众就可以从多个角度观看立体图像。这种技术不仅被应用于娱乐和展示领域，在医疗、教育等行业也展现出了巨大的潜力。在全息技术的帮助下，我们可以更加直观地理解复杂的三维结构，提升学习和工作效率。

这三种技术的结合，可以构建起一个又一个沉浸式场景，这些场景超越了传统媒介的限制，让我们能够以身临其境的方式去体验和感知。这些虚拟现实技术正如一个个魔法，通过模拟视觉、听觉乃至触觉，创造出一个个全方位包裹用户的虚拟世界，从而让用户有深度参与感。比如，用户只需戴上轻巧的头盔，便能即刻置身于远古的丛林，与恐龙并肩漫步；或是跃入深邃的宇宙，近距离观察遥远的星系。

虚拟试衣间。在服装零售行业，VR/AR技术正被巧妙地融入购物体验中。想象一下，你走进一家服装店，不再需要逐一翻找、试穿，而是通过佩戴一个头戴式设备，便能轻松进入一个全新的虚拟试衣空间。在这个空间里，琳琅满目的服装款式供你随意挑选，你只需做出简单的手势或发出语音指令，便可选择自己喜欢的衣服"试穿"。这种技术所带来的沉浸式购物体验，不仅节省了消费者的时间，更让消费者在购买衣物时有了更多的参考与选择。

虚拟旅游。传统的旅游方式可能受到时间、金钱和距离的限制。有了虚拟旅游后，这些限制似乎都不再存在。通过头戴式设备，消费者仿佛瞬间置身于世界各地的风景名胜之中。无论是巴黎的埃菲尔铁塔、埃及的金字塔，还是中国的长城，都可以随时随地进行"身临其境"的游览。对于那些暂时无法出行或希望提前了解旅游地的人来说，虚拟旅游无疑是一个绝佳的选择。

全息展示。借由全息技术，企业如今能够将产品的全息图像栩栩如生地展示在观众面前。这种展示方式不仅立体感十足，更赋予了产品以生命，让观众仿佛能够亲手触摸到产品的每一个细节。通过这种方式，消费者对产品有了更加直观和全面的了解，无论是产品的外观设计、内部结构，还是功能特点，都能一览无余。这种高科技的展示手段，无疑大大提升了展览的吸引力和观众的参与度，能为企业带来更多的曝光度和商业机会。

沉浸式教育。在教育行业，利用VR/AR技术，可以为学生提供沉浸式的学习体验。学生们只需通过佩戴头戴式设备，就能轻松进入虚拟课堂，"置身"于知识的海洋中。在这个虚拟世界里，他们不仅可以与老师和其他同学进行实时互动，还能参与到各种模拟实验中，亲身体验知识的魅力。沉浸式教育无疑为现代教育注入了新的活力，成为培养未来人才的重要途径。

沉浸式娱乐。VR/AR技术正在彻底改变我们的娱乐方式。比如，通过VR设备，我们可以穿越到一个全新的虚拟游戏世界。在那里，你不再是一个旁观者，而是一名真正的参与者，能够亲身感受到每一个场景、每一个角色以及每一次冒险所带来的刺激与乐趣。这种沉浸式的游戏体验，能让你完全沉浸在游戏的奇妙世界中，享受那份无与伦比的娱乐快感。

其实，类似的运用场景还有很多。总之，沉浸式场景的构建正在改变我们与世界的互动方式，重塑我们的感官和认知——我们不再是被动的观察者，而是成了主动的参与者，能够自由地探索和创造自己的虚拟世界。

当然，这场技术革命也带来了诸多挑战和思考。比如，如何平衡虚拟与现实的关系；如何确保技术的健康发展，避免沉迷和过度依赖；等等。

在这场跨越现实与虚拟边界的旅行中，VR/AR 与全息技术不仅是技术上的革新，也是一次对人类感知和认知的拓展——让我们以前所未有的方式扩展感知边界，并在数字与实体世界间自由穿梭，探索无限可能。

6. AI 解锁O2O体验新次元

O2O 模式，是指将线下的商务机会与互联网结合，让互联网成为线下交易的前台。该模式通过将线上的信息和服务与线下的实际交易相结合，实现了线上线下的无缝对接。

传统的 O2O 模式受限于信息不对称、服务标准化不足等问题，越来越难以满足消费者日益个性化的需求。近年来，在 AI 加持下的 O2O 模式作为线上线下融合的新业态得到了蓬勃发展，为消费者带来了便捷、高效的消费体验。从一键式个性化服务到无缝连接的虚拟现实尝试，再到预见性供应链管理，AI 赋能的 O2O 模式不仅是一种技术的革新，更是一场生活方式的革命。它打破了传统的购物边界，也打开了通往更高层次、更丰富多元体验的大门，让消费者的每一次点击、每一趟出行、每一项选择……都沉浸在前所未有的便捷与惊喜之中。

比如，凭借先进的 AI 技术，一家无人零售店可以实现全自动化运营，为顾客提供特别的购物体验。下面，我们来设想这样一种场景：

我们走进一家店，发现这里没有传统的收银员和店员，取而代之的是一系列高科技设备。店内的摄像头通过计算机视觉技术，精准地捕捉顾客的每一个动作。当我们从货架上拿起一款商品时，系统就能够迅速识别并记录。如果我们改变主意将商品放回，系统同样会实时更新购物清单。

货架上的商品都嵌入了 RFID 传感器，这些传感器能够实时监控商品的位置和数量。一旦商品被移动或售出，系统会自动更新库存信息，确保数据的准确性。此外，店内还配备了 NFC 和 BLE 技术设备，方便顾客使用手机进行快速结算。在购物结束后，我们只需通过手机支付应用程序就能完成支付。

除了提供便捷的购物体验，无人零售店还运用数据分析和机器学习技术来优化运营。系统会收集并分析顾客的购物习惯、商品销售趋势等数据，以便能更精准地进行库存管理、商品推荐和营销策略的制定。

此外，店内还有一些"值班"的机器人，它们能够在货架间自主巡逻，及时发现并补充缺货的商品，同时还能承担清洁等日常维护工作。为了确保店铺的安全，无人零售店还采用了先进的身份验证技术，顾客在进店前需要通过面部识别或其他生物识别技术进行身份验证，确保只有经过授权的顾客才能进入店内购物。

运用 AI 技术，无人零售店能够提供 24 小时不间断服务，同时降低运营成本，提高效率，增强顾客体验感。

实际上，AI 在 O2O 体验中的应用场景丰富多彩，远超无人零售的范畴。下面，我们简要列举几个应用场景：

（1）智能推荐

智能推荐系统已经成为现代电商和实体零售中不可或缺的一部分。借助 AI 技术，这些系统能够深入挖掘并分析消费者的购买历史、搜索他们的习惯以及社交媒体上的活动轨迹。通过对这些大数据进行综合处理，AI可以精准地掌握每个消费者的独特性和需求，进而为他们提供高度个性化的商品推荐。

这种智能推荐机制的应用不只局限于线上购物平台。在实体店中，通过配备的智能设备，如互动屏幕或智能手机应用，同样能够让顾客享受实时的个性化推荐服务。这些推荐服务可能基于顾客在店内的浏览历史、购买记录，甚至是通过面部识别技术来识别常客进而提供更加贴心的建议。这种结合线上和线下的智能推荐方式，极大丰富了顾客的购物选择，同时也提高了商家的销售转化率，共同提升了整体的购物体验。

（2）虚拟试衣/试妆

在时尚和美容领域，AI 与 AR 技术的结合为消费者带来了前所未有的购物体验。特别是在服装和化妆品行业，通过虚拟试衣和试妆功能，消费者能够在不实际穿戴或涂抹产品的情况下，预览到真实的穿着和妆容效果。

也就是说，消费者可以通过运用店内的 AR 设备或智能手机应用，选择心仪的服装或化妆品进行"试穿"或"试用"。AI 算法会根据消费者的体形、肤色等特征，生成高度逼真的虚拟效果，让消费者在购物前就能清晰地看到自己穿上新衣服或化上新妆容的样子。

（3）智能客服

无论何时，智能客服都像是一个永远在线、永远耐心的"小助手"，只要你有疑问或困惑，就可以随时向它提问。在 AI 的加持下，它们通过自然语言处理技术，能够轻松理解你的意图，并给出准确、及时的回应。这不仅能够让消费者感受到前所未有的便捷和高效，也能让企业在减少人力成本的同时，提升服务质量和消费者满意度。

（4）供应链优化

供应链，这一看似复杂的系统，在AI的助力下也能变得井井有条。AI技术能够深入分析消费者数据，精准预测市场需求，从而帮助企业优化库存管理和供应链布局。这意味着，你心仪的商品总是能够及时补货，缺货情况将大大减少，消费者的购物体验也将因此更加顺畅、愉快。

（5）支付与安全升级

现在，通过生物识别和行为分析技术，我们可以更加安全地进行支付操作，再也不用担心有账户被盗或信息泄露。同时，智能账单管理功能也让我们对自己的消费情况一目了然，轻松管理个人财务。更神奇的是，AI还能根据消费者的消费习惯，智能提示优惠信息，让消费者在购物时总能捡到不少"宝贝"。这样的支付体验，是不是会让消费者感到既便捷又安全，还充满了惊喜呢？

随着AI技术的不断发展，O2O体验将迎来更多创新，例如，AR/VR技术与O2O融合，可以为用户提供更沉浸式的体验，如虚拟试衣、虚拟导购、虚拟体验等；区块链技术与O2O融合，可以提升平台的透明度和安全性，如去中心化支付、数据安全保障等；物联网技术与O2O融合，可以实现智慧门店、智慧物流等，为用户提供更加便捷高效的服务；等等。

在不久的将来，AI的赋能将推动O2O体验迈入一个全新的时代，即智慧生态时代。在这个时代，O2O平台将不仅仅连接线上线下，而是利用AI技术打造一个智能、高效、个性化的消费生态系统，满足用户的各种需求，为用户创造更加美好的消费体验。

7. 智能场景应用加速营销模式升级

科技与商业的深度融合正在重塑营销生态。特别是智能场景应用，作为这一融合的产物，正以前所未有的力量加速营销模式的升级，为品牌与消费者之间构建更精准、更高效、更个性化的连接。

智能场景应用，指的是将人工智能、大数据、物联网等技术与特定场景相结合，实现对用户行为、需求、偏好的精准识别和个性化服务，最终提升用户体验，实现营销目标。它代表着营销模式从传统的"以产品为中心"向"以用户为中心"的转变，也意味着营销的主动权正逐渐从品牌转移到消费者手中。

当然，这一变革并非一蹴而就。如果我们回溯营销的历史，可以清晰地看到营销模式的进化分为五个发展阶段，其中，智能场景在不断迭代、优化，推动营销向更高级别、更精细化的方向发展。

（1）营销 1.0 时代：线下的基础营销手法简单地搬到线上

这种营销模式玩法单一，技术支持力度较弱，且缺乏数据驱动决策意识，全程都靠拍脑瓜子。下面举个例子：

某晚，你与朋友们到热闹非凡的美食街寻觅晚餐。刚踏入街口，就被几位热情的小伙子拦下，他们手中挥舞着优惠券，承诺在店内消费满 300

元即可立减 60 元。这一优惠吸引了你们，于是你们选择去这家餐厅就餐。在点餐过程中，老板娘又热情地推荐了店内的啤酒促销活动。用餐结束后，虽然使用了优惠券，但账单仍高达 500 元。不过，在离开时，老板娘又递上一张满 400 元减 80 元的优惠券，期待你们下次光临。

在这个案例中，这家餐厅展示了营销 1.0 时代典型的业务流程：系统生成优惠券并设定使用规则，用户在关键时刻（如登录、注册或购买时）触发活动获得优惠券；用户购买时使用优惠券进行抵扣，完成支付后再获得新的优惠券促进复购。这种模式的核心在于通过各种优惠活动吸引顾客，但缺乏深度的用户行为分析和精准营销。

（2）营销 2.0 时代：数据驱动与初步数字化转型

在这个阶段，企业开始意识到数据的重要性，并开始利用数据来指导营销策略。这个阶段的改变，主要体现在以下几个方面：

首先，数据收集与分析。企业使用 CRM 和网站分析工具来追踪用户信息和行为。例如，电商平台会分析用户的浏览记录，为对户外装备感兴趣的用户推送相关产品。

其次，营销自动化。引入自动化工具，如邮件营销系统，可以根据用户行为自动发送邮件，提醒并鼓励用户完成购买。

再次，运用社交媒体。企业开始在社交媒体上建立品牌形象，通过数据分析了解粉丝需求，优化内容。

最后，进行 A/B 测试。为了找到最佳的营销方式，企业会对不同的网页或广告设计进行测试，根据数据来决定最终方案。

例如，一家早餐店通过分析微信小程序上的用户数据，发现用户在工作日的早晨外带某种饮品的需求量大，于是推出了有针对性的优惠活动，并通过小程序进行推广，从而提高了销量。

总体来说，虽然营销2.0时代的企业开始利用数据，但在深度挖掘和个性化推荐方面还有较大的发展空间。

（3）营销3.0时代：智能化与个性化营销

想象一下，一个品牌不再是对所有人都说同样的话，而是像你的好友一样，了解你的喜好，知道你想要什么，然后给你推荐最合适的产品。这就是营销3.0时代的营销魅力。

通过一系列高科技手段，企业现在可以深入了解每一位消费者，不仅知道你的年龄、性别，还能分析出你喜欢的颜色、风格，甚至分析出你最近的购物心情。有了这些数据，企业就能为你打造一份专属的购物清单。

而且，现在的推荐系统也越来越智能化了。你看过一部电影，系统就能猜到你可能喜欢哪一类影片；你买过一件衣服，它就能为你推荐搭配的单品。如此，转化率自然就上去了，购物体验也变得更棒了。

还有更厉害的，现在的营销都能实时响应了。你在网站上多看几眼某个产品，马上就能收到相关的优惠信息，这不就是在告诉你："亲，别再犹豫了，现在就买它！"

另外，还有语音和视觉搜索，也成了新的购物方式。你对着智能音箱说一句"我想买双运动鞋"，它就能给你推荐一堆热门款式。或者，你用手机扫一扫街上的广告，就能直接跳转到购买页面。总之，在营销3.0时代，营销会变得更加"懂你"。

（4）营销4.0时代：全渠道融合与体验式营销

进入4.0时代，营销已经不再只是简单地卖东西了，它更像是一场精心策划的品牌盛宴，让顾客在每个角落都能感受到品牌的魅力和温度。线上线下？那些界限早就模糊了！现在，要的是无缝衔接的全渠道体验。

比如，你可以在网上预约试穿衣服，然后到实体店去取，多方便！或者你在店里试了个遍，最后选择在线上买单，用二维码、小程序一扫，即可轻松搞定。这不就是我们常说的O2O吗？简单，快捷！

而且，现在的品牌都超会营销，各种沉浸式、互动式的体验。快闪店、VR体验馆……你在玩乐中就牢牢记住了某些品牌。这不，某个汽车品牌就让你在VR里体验驾驶新车的快感，是不是超酷？

当然了，社区和KOL的力量也不容小觑。品牌们纷纷建起自己的小圈子，拉上大咖、网红一起带货、创作内容。这样的营销方式，想不火都难。

从营销1.0时代到营销4.0时代，营销模式越来越智能，变化可谓翻天覆地。

（5）营销5.0时代：预测性分析与打造专属体验

在营销5.0时代，预测性分析成了大热门，企业不再只看过去发生了什么，而是用深度学习、神经网络这些高科技，猜测你未来想要干什么，然后给你超级个性化的体验。

现在，一旦一家企业有了这个"超能力"，那它就会预测消费者会买什么，即通过一些超复杂的算法和实时数据分析，提前知道消费者可能会对哪个新品感兴趣，或者要不要给他们送点关怀。而且，此时的AI还能"读心"，它通过分析你在网上的留言、聊天，就能感知到你的情绪变化。比如，你心情不好的时候，它可能会给你推送一些正能量的东西，或者给你推送个特价优惠，让你瞬间心情大好。

另外，企业会根据消费者的实时行为、市场趋势，还有竞争对手的情况，动态调整产品价格和推荐内容。你看到的，将是为你量身定制的产品组合和最优价格。

有一家国际旅游公司，它根据用户的网上足迹，比如用户搜索了什么、在社交媒体上都做了些什么，还有以前用户都爱去哪儿玩。然后，它通过 AI 分析，预测用户接下来想去哪儿度假。于是，它们会提前给用户推送超级贴心的旅行方案。如果这时你还在犹豫要不要去巴黎或者巴厘岛，你会发现这家公司早已帮你规划好了一份专属于你的旅行计划，里面都是你喜欢的景点、美食。结果呢？你很大概率会愉快地下单。

不得不说，智能场景真是个神奇的东西，它不仅能让营销活动变得轻松、高效，更重要的是，它还改变并拓宽了企业的营销思路，以前企业像撒大网一样去做广告，现在却是"精准打击"，直戳用户内心。

第二章
营销要进化,更要场景化

过去,如果说营销是一门技术,那么如今它更像是精心编排的戏剧——在向目标受众传递信息的同时,还创造出一个又一个生动的场景,让消费者在其中找到自己的影子,感受品牌的温度和价值。

1. 场景，一种全新的连接方式

在这个高度互联的时代，无论是实体物品、信息资讯、视频内容还是图文展现，构建引人入胜的场景已成为商业竞争的关键。很多时候，消费者所钟爱的并非单纯产品本身，而是产品融入的生动场景，以及这些场景中所蕴含和触发的深厚情感。换句话说，是产品、场景与情感的完美结合，打动了消费者的心。

特别是新场景营销，正以其精准、沉浸、互动等特点，成为品牌连接消费者的全新方式，为营销领域带来一场深刻的变革。这里的"新"，并非简单的概念升级，而是基于对消费行为和技术变革的深刻洞察，并结合以下三个关键要素。

（1）以用户需求为导向的场景选择

新场景营销的核心在于场景的选择，不再是简单的"时间+地点"的组合，而是深入洞察用户的消费习惯、生活方式和心理需求，找到与产品价值高度契合的场景。例如，智能家居品牌可以在社交平台上与用户互动，分享家居装修技巧和生活方式，营造"家的温馨"场景，以此提升用户对产品的认同感和购买意愿。

（2）科技赋能沉浸式互动

新场景营销注重打造沉浸式的用户体验。新场景可以借助 VR、AR、AI 等新技术，将线上线下场景有机融合，为用户提供更加生动、逼真的产品体验。例如，服装品牌可以通过 AR 试衣功能，让用户在家就能体验不同服饰的搭配效果，提升用户的购买意愿。

（3）以内容为核心的场景传播

新场景营销需要借助内容营销的力量，以用户喜闻乐见的方式进行场景传播。通过打造优质的内容，吸引用户主动参与，实现场景的裂变式传播。例如，美食品牌可以制作短视频，展现美食制作过程，分享美食背后的故事，吸引用户关注并进行二次传播。

也就是说，在 AI 时代，"场景"被重新定义，成为一种思维方式、商业能力和全新的连接方式。不同于以往的是，在新场景营销中，产品或服务被置于特定场景中，与场景相得益彰，从而提升其附加值。这种附加值可能是功能性的、情感性的或社会性的，但都能提升消费者对产品或服务的认可度和购买意愿，具体来说主要有以下几个方面。

（1）连接品牌与消费者的桥梁

在现实的商业世界中，场景无处不在。从街头巷尾的体验店，到线上购物的电商平台，每一个消费环节都蕴含着丰富的场景元素。这些场景不仅是展示商品和服务的舞台，也是连接商家与消费者的桥梁，还是构建个性化体验、深化情感连接的基石，而不再是简单的营销工具。

当你走进一家书店，不是为了寻找某本书，而是为了感受书籍所带来的那份静谧，以及对阅读新知的期待——这就是场景的魅力。场景为王，意味着企业必须以消费者为中心，通过洞察消费者每一个细微的生活片段，创造与之共鸣的场景，让品牌成为生活中不可或缺的一部分。

（2）情感共鸣的触发点

场景，就像是品牌与消费者之间的一座彩虹桥，不仅连接了商品与需求，更搭建起了一条直达心灵深处的情感通道。在这座桥上，每一次相遇都是一次心灵的触碰，每一次互动都是品牌故事的延续。所以，场景化营销的核心在于触发消费者的情感共鸣。

一个精心设计的场景能够深入消费者的内心，引起他们的共鸣，从而增强品牌与消费者之间的情感连接。当消费者在特定场景下感受到品牌带来的温暖与关怀时，他们更有可能成为品牌的忠实拥护者。比如，可口可乐举办过"分享一瓶可乐"活动。这个活动通过在生产线上将流行的名字或网络热词直接打印在可乐瓶上，可口可乐成功创造了一种个性化的消费场景。这种场景化的设计让消费者在享受产品的同时，也感受到了品牌带来的亲切与关怀，进一步提升了消费者对品牌的认同感。

（3）创新营销的利器

场景化营销作为一种创新的营销模式，能够帮助品牌在纷繁复杂的市场中找准自己的定位，与消费者建立更加紧密的联系。通过打造独特的消费场景，品牌不仅可以提升产品的附加值，还能在消费者心中留下深刻的印象。

苹果零售店不仅是销售产品的地方，更是一个展示苹果生活方式的场所。店内宽敞明亮的设计、丰富的产品体验区以及专业的售后服务，共同构成了一个独特的消费场景。这种场景化的营销策略不仅提升了苹果产品的附加值，也让消费者在购物过程中享受到了愉悦的体验，从而提升了消费者对品牌的忠诚度。

所以，营造新场景不仅是一种营销手段，还是一门艺术，一门能让品牌在消费者心中生根发芽、开花结果的艺术。

几乎所有的商业行为都是在具体的场景中完成的，特别是在今天，互联网对场景内涵的重构更多的是主张一种新的场景化思维——新场景营销并非简单地将产品植入场景，而是利用互联网的连接本质，充分释放出场景中个人的情感和价值诉求，进而激发个人的场景参与欲望，创造商业价值。

2. 为什么传统的流量模式越来越玩不转

在自媒体快速发展，甚至有些泛滥的当下，流量一直是商家追逐的至宝。然而近几年，传统流量模式却越来越玩不转了，不少商家感叹"流量越来越贵，转化越来越难"。的确，很多时候，没有流量不可怕，可怕的是在付出了很大精力、获取了一定的流量后，却发现根本无法变现，这才是最让人头疼的。

传统的流量模式，本质上是建立在"信息不对称"基础上的。商家通过各种广告、推广手段，将信息"硬塞"给用户，而用户则在海量信息中筛选自己感兴趣的内容。这种模式的弊端显而易见。

首先，信息泛滥，用户疲惫。用户每天接收的信息量巨大，早已对各种广告、弹窗感到厌倦，甚至产生反感。传统的流量模式无法触达用户的真实需求，难以引起用户的共鸣。

其次，流量成本上升，转化率下降。随着竞争的加剧，流量价格越来越高，而用户注意力被碎片化，转化率却越来越低。为此，商家不得不投入更多资金，才能获得与以前相同的流量。

最后，用户画像粗糙，精准度不高。传统的流量模式，往往依靠年龄、性别、地域等基本特征来划分用户群体，缺乏对用户兴趣、行为、消费习惯的深入了解，无法进行精准的营销。

随着互联网技术的不断发展，用户行为和消费场景变得越来越多元化，新场景营销应运而生，它打破了传统的流量模式，而是以场景为核心，基于更加鲜活的人格吸附，形成各种连接，如人与品牌的连接、人与信息的连接、人与产品的连接等。

随着互联网渗透率的提高，获取新用户的成本不断上升，传统的粗放式流量获取策略变得不再经济、高效，这也意味着，营销不能只单纯追求流量规模，而应转向追求流量质量与用户价值。主要原因有以下三个：

（1）"流量为王"的红利时代已经过去

在互联网发展的早期阶段，流量被视为"王道"。那时候，只要能吸引足够多的点击和访问量，似乎就意味着成功在握。但随着网络环境的成熟和用户行为的变化，"流量为王"的时代正悄然落幕。

假如你是一家小餐馆的老板，为了吸引顾客，在繁华地段挂了个巨大的霓虹灯招牌。起初，这一招儿确实能吸引来不少路人，餐馆生意兴隆。但很快你就会发现能吸引来的顾客越来越少，顾客回头率也不理想，而租金、电费和维护费用等却越来越高。这就像现在的网络营销，获取流量的成本飙升，但转化成实际收益的比例却在下降。曾经"便宜大碗"的流量,如今变成了"昂贵小份儿",性价比大大降低。

与此同时,用户的"口味"也变得越来越挑剔。以前,用户上网主要是为了获取信息,看到什么就点什么,流量很容易转化。但现在,用户变得更加聪明和挑剔,他们不仅关心消费的质量,还追求个性化体验。就像逛超市,人们不再是随便拿个篮子乱装东西,而是拿着购物清单,直奔目标而去。这就要求品牌提供更精准、更有价值的内容,仅仅靠内容的堆砌已经不能满足用户的需求了。

再加上传统模式下的海量信息推送方式,容易造成"信息过载",使用户对千篇一律的广告信息反应冷淡,甚至感到麻木,从而降低了转化率。

所以,从商业角度来看,流量批发的红利时代已经结束,传统获客渠道正在快速崩盘,渠道正变得越来越新、越来越碎。

(2)新人群、新消费,需要解锁新营销

新消费者,作为数字时代的"原住民",他们成长于互联网、社交媒体和移动设备普及的环境中。这一代人更加注重个性化体验、与品牌价值的共鸣,他们渴望与品牌建立真实、双向的对话,不愿意被动接受单向传播。因此,营销策略必须从"我告诉你"转变为"我们共同创造",通过共创内容、社区建设和社交聆听等方式,与消费者建立深层次的情感连接。

由此,新场景营销的核心在于:构建与消费者生活紧密相连的情境,从"生活圈"拓展至"心理圈"。这意味着不仅要关注消费者的日常活动轨迹,如购物、餐饮、出行等,更要洞察他们的情感需求、兴趣爱好和价值取向。通过社交媒体、在线论坛、用户评价等渠道收集的非结构化数据，可以深入挖掘消费者的潜在需求，从而在特定场景下提供更加贴心、具有情感共鸣的产品和服务。

（3）个性化传播正在颠覆传统商业

如今，个性化传播已经从一个营销理念转变为商业生态的核心构成部分。新场景营销作为个性化传播的一种高级形式，不仅改变了品牌与消费者之间的互动方式，而且正在逐步重塑整个商业生态的面貌。

我们可以从多个视角来审视这一问题。从传播方式来看：传统商业的传播方式往往依赖实体店面、传统媒体广告等手段，传播范围和效果相对有限，且成本较高；个性化传播则通过互联网和社交媒体等平台，以更低的成本、更快的速度实现信息的广泛传播。从消费者行为来看：在个性化传播的影响下，消费者的购买决策过程发生了显著变化，他们更倾向于参考网络上的口碑、评价和推荐来作出选择，而不仅仅是依赖传统广告或销售人员的推荐。从营销策略上看：传统商业必须调整其营销策略，如注重线上渠道的建设和运营，尝试与网红、意见领袖等合作，利用他们的影响力和粉丝基础来推广产品，等等。

在移动互联网时代，竞争是围绕消费者的体验展开的场景化战争。场景的碎片化特征重塑了人们的人格，定义了人们不同的行为方式和生活认知。新的体验，伴随着新场景的创造；新的流行，伴随着对新场景的洞察；新的生活方式，也是一种新场景的流行。

因此，当我们再次谈到"流量为王"的时候，不妨先思考一下：你追求的那些流量，是否真的就是你的"王"？流量固然重要，但真正的"王"是对新场景的理解与把握，是对用户体验的不断优化与创新。

3. 场景为王：移动互联时代的新商业信条

如果说"内容为王"曾是互联网时代的黄金法则，那么在移动互联的新浪潮下，"场景为王"正逐渐成为主导未来商业走向的信条，它不仅改变了营销的格局，更重塑了品牌与消费者之间的关系。

从星巴克的"第三空间"到耐克的"运动社区"，从小米之家的"科技体验"到迪士尼乐园的"梦幻王国"，无数成功案例证明，场景不仅能够提升用户体验，更能深化品牌价值，激发消费者的参与感与忠诚度。

从"以内容为王"到"以场景为王"，是移动互联时代商业逻辑的重大转变。这种转变并非简单的口号，而是基于用户行为和消费趋势的深刻洞察。新场景营销正是在这一背景下应运而生的。它不再局限单一平台或传统媒介，而是将目光投向用户生活中的每个角落，以更自然、更切合用户需求的方式进行营销。

场景之所以会成为移动互联时代的新商业信条，主要基于以下几个原因：

（1）*移动互联：让场景触手可及*

移动互联网的普及，使场景营销有了无限可能。我们的手机成了连接现实与虚拟的桥梁，无论是购物、出行还是娱乐，都能用指尖轻松实现。

企业通过大数据分析，能够洞察消费者的实时需求和位置信息，从而在恰当时机推送最合适的场景营销信息，让与消费者的每一次互动都变得意义非凡。

以共享单车为例，它们之所以能在短时间内风靡全球，很大程度上得益于对场景的精准把握。无论是上下班通勤、短途旅行，还是休闲散步，共享单车总能适时出现，解决"最后一公里"的难题。这种无缝对接消费者需求的场景营销，让共享单车迅速成为城市生活不可或缺的一部分。

（2）抓住痛点：高度匹配用户需求

借助数据分析和人工智能技术，新场景营销能够预测用户的潜在偏好和行为趋势，提前布局营销策略，甚至引导用户形成新的消费习惯。相较于传统的广告投放，场景营销更加注重精准性和时效性。通过在特定场景下提供高度相关的内容或服务，场景营销能够显著提高营销活动的转化率，实现更高效的营销—投入产出比。

比如，当你来到一个陌生的城市，正在饥肠辘辘时，却不知道该去哪里寻找美食，你最需要什么？无疑是一份可靠的美食推荐。这个时候，只要点开某个App，便能完美地满足你的需求。它将用户定位信息与附近餐厅信息进行整合，提供精准的美食推荐，并根据用户评分、菜品特色等因素，帮助用户快速筛选，直至帮助用户找到心仪的餐厅。

这就是一个"场景为王"的典型案例，它精准地抓住了用户在特定场景下（饥饿、寻找美食）的真实需求，通过提供解决方案，缩短消费者从接触信息到购买的路径，实现快速决策和即时购买，提高转化率。

（3）重塑商业本质：构建全新价值创造和传递系统

商业始于人类的基本需求——交换。最初，人们通过物物交换来满足彼此的需求。随着时间的推移，货币作为一种通用的交换媒介出现，使交易过程更加高效和便捷。其实，商业不只是简单的交换，更是一个复杂的价值创造和传递系统。在这个系统中，企业通过识别市场需求、研发创新产品、优化生产流程、提供卓越服务等一系列活动，为消费者创造了便利性、功能性、情感满足、物质生活品质提升等多方面的价值，成功塑造了价值传递系统。可以说，价值创造是商业成功的关键。那么如何理解新场景重塑商业本质呢？

首先，根据马斯洛的需求层次理论，人的需求从基本的生理需求到更高层次的社交、尊重和自我实现需求逐级上升。新场景通过提供更加个性化的产品和服务，满足了消费者更高层次的需求。

其次，新场景营销强调通过大数据和AI技术了解消费者个体的需求偏好和行为模式，从而提供更加个性化的产品和服务。这意味着商业生产正在从大规模生产向小批量甚至单件定制化转变，将满足消费者日益增长的个性化需求。

最后，创新与迭代将成为常态，共享经济、订阅模式等新型商业模式将不断涌现，加速了商业生态的进化。这一切变革，共同描绘出一幅以消费者为中心、以科技为驱动、以体验为导向的新商业蓝图，引领了未来商业发展的方向。

不论品牌大小，在移动互联时代，只有不断运用科技的力量，用情感的温度解锁新场景，才能绘制出属于这个时代的最绚丽的商业图谱，进而有机会去连接、去感动、去创造，最终铸就属于这个时代的商业传奇。

4. 新场景营销的三大模式

如今，消费者注意力越来越分散，传统营销方式逐渐失效。因此，今天要想实现营销的成功，突破"信息茧房"，抓住消费者眼球成为关键，这使得新场景营销应运而生。新场景营销跳脱了传统广告的固有模式，将品牌融入消费者的生活场景，以更自然、更有效的方式触达消费者，实现"新流量"的精准捕获。

下面，我们就来探讨一下新场景营销的三大模式，看看它们是如何让品牌和消费者之间擦出不一样火花的。

（1）沉浸式体验营销

沉浸式体验营销是新场景营销的核心模式之一，它通过将消费者带入特定场景，以感官体验的方式，将品牌价值与消费者需求深度融合，实现消费者与品牌之间的情感共鸣和认同。

比如，网易云音乐"城市声音地图"项目就是典型的沉浸式体验营销。它利用用户手机定位，将用户周围环境的真实声音与音乐内容相结合，打造个性化的沉浸式体验。用户在漫步城市时，听到熟悉的街边小吃叫卖的声音，就会自动联想到网易云音乐，从而加深对该平台的印象。

又如，肯德基"KFC X 元宇宙"主题餐厅利用 AR 技术，将餐厅空间打造成元宇宙场景，顾客可以通过手机扫描虚拟形象进行互动体验。这种新奇的体验方式，不仅吸引了年轻消费者，更成为社交平台上的热门话题，为品牌带来了更高的曝光度。

沉浸式体验的优势在于它能够打破传统广告的单向传播模式，将消费者主动融入品牌故事中，使他们与品牌形成更深层次的情感连接。但需要注意的是，沉浸式体验需要注重场景的真实性、互动性和顾客的体验感，才能真正打动消费者。

（2）社群化营销

随着社交媒体的普及，社群化营销成为新场景营销的重要模式之一。通过建立社群，品牌能够与目标用户进行深度的互动和沟通，并利用社群的力量，实现品牌的传播和转化。

如星巴克"星享俱乐部"针对不同用户群体，建立了不同主题的社群，如"咖啡爱好者""烘焙达人"等社群。通过社群活动、分享福利、互动话题等方式，将用户牢牢绑定，提高品牌忠诚度。又如，小米的"米粉社区"。小米将这个群体作为品牌推广的重要平台，用户可以在社区分享产品使用体验、参与产品测试、获得最新资讯等。通过社群互动，小米不仅能够了解用户的真实需求，还能有效提高用户黏性。

企业通过社群化营销，可以打造用户参与度高的营销生态，通过让用户自发传播，实现更自然、更有效的品牌宣传效果。但需要注意的是，社群化营销需要注重用户体验，提供优质内容和服务，才能维持社群的活跃度和用户黏性。

（3）智能科技场景营销

智能科技场景营销利用VR、AR等先进技术，为消费者创造虚拟又逼真的体验场景。比如，消费者戴上 VR 眼镜，就能瞬间置身于一个由品牌打造的虚拟世界中，亲身体验产品的各种功能和特点。这种营销方式不仅让消费者在购物前就能对产品有全面了解，还能大大提高消费者购物的趣味性和互动性。智能科技场景营销无疑是品牌与消费者之间沟通的一座新桥梁。

总体来说，新场景营销的三大模式，是品牌在数字时代抓住"新流量"的有效手段。而且，这三大模式有一个共同点，那就是以消费者为中心，通过创造新颖、有趣的场景，让消费者在享受体验的同时，也能深刻感受到品牌的魅力和价值。

5. 新场景营销的四大特征

在数字浪潮与消费升级的双重驱动下，作为数字时代商业策略的前沿探索，新场景营销不只是商业营销战术上的创新，更是商业营销战略上的革命。它颠覆了传统的营销模式，正在重塑品牌与消费者的关系，并将营销推向了全新的维度。

新场景营销之所以能构建起以消费者体验为中心的营销生态系统，主要得益于其有别于传统营销的四大特征。

（1）多媒体形式的整合

在信息爆炸的时代，单一媒介已难以满足消费者多元化的需求。新场景营销强调多媒体形式的整合,即通过视频、音频、图文、直播等多种媒介的综合运用,创造丰富且沉浸式的用户体验。这种多媒体形式的整合不仅拓宽了信息传递的维度,也加深了信息的感染力与记忆度。例如,品牌可以通过VR技术打造虚拟现实体验,让消费者身临其境地感受产品特性;也可以借助增强现实技术,使产品在消费者日常生活中"活"起来,从而提高品牌的吸引力与互动性。

多媒体形式的整合,将品牌信息与消费者体验融为一体,打破了传统营销的单向传播模式,让消费者主动参与,提升他们的品牌印象和产品感知度。

(2) 隐性需求的挖掘

隐性需求往往隐藏在表面需求之下,不被消费者直接表达或意识到,却对其消费行为和体验有着深远影响。

新场景营销不再仅仅做到满足消费者的显性需求,而是更注重挖掘消费者的隐性需求,以提供更贴心、更人性化的服务。品牌可以通过大数据分析,了解消费者在不同场景下的行为习惯和情感诉求,并提供针对性的解决方案。

消费者行为学理论为隐性需求的挖掘提供了坚实的基础。根据这一理论,消费者的决策过程不仅受到明确需求的驱动,还受到潜意识、情感、文化和社会因素等多方面的影响。例如,消费者可能在选择一款产品时,在潜意识里对品牌所传递的价值观有着特定的需求,尽管他们可能不会将其明确表述出来。

传统营销往往聚焦于显性需求,而新场景营销则更重视挖掘消费者的隐性需求,即他们那些未被充分表达或尚未意识到的需求。这需要企业运用大数据、人工智能等技术手段，对用户行为、偏好、情绪等进行深度分析，以洞察其潜在的消费动机。

以智能手机市场为例，早期消费者主要关注手机的基本通信功能和硬件性能。然而，随着时间的推移，隐性需求（如更好的用户体验、个性化的外观设计、与生活场景的深度融合等）逐渐成为消费者选择手机的重要因素。手机制造商们通过深入的市场调研和用户洞察，挖掘出这些隐性需求，并将其融入产品设计和功能中，从而创造出更具吸引力的消费新场景。

又如，一些企业通过分析消费者的社交媒体活动、搜索历史和购物记录，识别消费者对于健康、便捷、个性化等方面的潜在追求，进而开发出更贴近消费者内心需求的产品和服务，实现从"销售商品"到"解决痛点"的转变。

挖掘消费者的隐性需求，不仅能满足消费者的多元化需求，更能建立品牌与消费者之间的信任关系，增加用户黏性。

（3）互动性和参与性

新场景营销，不再像传统的品牌那样站在高处向大众"喊话"那么简单了，它更像是一场品牌与消费者之间的"双人舞"，你进我退，你转我随，共同演绎出一幕幕精彩绝伦的"舞蹈"。而这些"舞蹈"的精髓，就是互动性和参与性。

传统的广告方式，就像是一个大喇叭，品牌单方面地向消费者灌输信息。而现在，新场景营销像是一个开放的麦克风，品牌和消费者都可以拿起这个麦克风，分享自己的声音。

比如，某个运动品牌最近发起了一场线上跳绳挑战赛，你只需将拍摄自己跳绳的视频上传至指定的社交媒体平台，并@该品牌，就有机会赢取大奖。这种活动不仅鼓励大家积极参与，还让品牌和消费者之间建立起深厚的联系。有的人为了赢得奖品，甚至请来了专业的摄像师和编辑团队，制作出了极具创意的视频。

又如，某个化妆品品牌利用虚拟现实技术，为消费者提供了一个在线试妆的平台。消费者可以在这个虚拟环境中尝试各种妆容，看看哪一种最适合自己。而品牌方也能从消费者的选择中了解哪些产品更受欢迎，从而进行产品优化和市场策略的调整。

这种双向的沟通与互动，不仅让消费者觉得被尊重和重视，还让他们更加深入地了解了品牌和产品。而对于品牌方来说，这不仅是一场营销活动，更是一次与消费者建立深厚情感连接的机会。

（4）适时的个性化服务

随着消费者个性化需求的日益增长，传统的"一刀切"式营销策略已经无法满足市场的细分化要求。新场景营销通过精准定位，针对特定情境和需求提供定制化服务，能够更好地满足消费者的个性化偏好，提升用户体验和满意度。

这就像你去餐厅，你并不希望总是吃千篇一律的套餐，而是希望厨师能根据你的口味为你量身定做一道道新的佳肴。新场景营销就是这样一个"私人厨师"，它悄悄地观察你的喜好，了解你的需求，然后在最合适的时候，为你送上最贴心的服务。比如，你深夜在网上浏览鞋子，它不会给你推荐早上的闹钟或者午餐的食谱，而是会精准地推送几款你可能喜欢的鞋子。

许多时候，这种个性化服务并不仅仅停留在产品推荐上，从你浏览商品的那一刻起，新场景营销就已经开始为你量身打造一场独特的购物体验了。你疑惑的时候，有智能聊天机器人随时为你答疑解惑；当你下单后，有定制化的服务流程确保你购买的商品能够准确无误地送到你手中。可以说，新场景营销就是一个时刻关注你、懂你、宠你的"好友"。在这个信息爆炸的时代，有这样一个"好友"帮你筛选信息，提供个性化的建议和服务，岂不美哉？

综上所述，新场景营销的四大特征——多媒体形式的整合、隐性需求的挖掘、互动性和参与性、适时的个性化服务，共同构建了一个以消费者为中心、注重体验与情感连接的营销新生态。在这个过程中，品牌不再是高高在上的存在，而是成了消费者生活中不可或缺的伙伴，与消费者共同创造着一个个美好瞬间。

6. 新场景营销的五大优势

新场景营销不仅是一种营销手段，更是一种与消费者深度互动、创造独特体验的艺术。它超越了传统营销的边界，不再拘泥于冰冷的数据和硬广的轰炸，而是以人为核心，将消费者置于故事的中心，让他们成为体验的主角。它不仅重新定义了品牌与消费者之间的互动方式，更为企业开辟了一条通往成功的新路径。

以下是新场景营销所独具的五大优势，它们共同构成了这一营销模式的核心竞争力，为企业在激烈的市场竞争中赢得先机提供了有力支撑。

（1）个性定制，让用户都成为VIP

在这个新场景营销的时代，每一位用户都不再是被忽视的统计数字，而是被当作一个个充满个性、活生生的个体。品牌借助大数据和人工智能技术的强大功能，可以"透视"每位消费者的内心深处，捕捉到他们的每一个细微需求和偏好。

比如，你打开手机时，映入眼帘的广告不再是千篇一律、与你无关的内容，而是恰恰符合你近期关注的兴趣点并与你生活节奏完美契合的个性化推荐。展示的那些产品，仿佛都是经过精心挑选的，只为了迎合你的独特品位和实际需求。

进一步说，品牌与你的每一次交流，都像是你与经过深思熟虑的朋友间的对话，温暖而贴心，完全摒弃了冰冷、刻板的营销话术。这种"千人千面"的高度个性化体验，无疑将用户满意度推向了一个新的高度。

而在这背后，更深层的意义在于，品牌与消费者之间建立起了一种前所未有的情感连接。这种连接超越了简单的买卖关系，更多的是一种相互理解、相互尊重的伙伴关系。每一位用户都在这种新场景营销的模式下被真正地视为VIP，享受着尊贵而独特的服务。

（2）全渠道整合，提供极致的体验

过去，消费者在不同平台上的体验往往是割裂的。在线上购物时是一个样，到线下实体店购物时又是另一番景象，而且社交媒体上的互动也与现实中的品牌体验脱节。在新场景营销模式下，没有这么强的割裂感。无论你是在线上商城里浏览商品，还是在社交媒体上与朋友分享购物心得，抑或亲自踏入线下实体店感受产品的实物魅力，你都能获得一种一致、连贯且高品质的品牌体验。

这种全渠道的整合，不仅简化了购买路径，更是在每一个触点都传递出品牌的价值观，让消费者与产品的每一次交互都成为加深品牌印象的机会。在新场景营销模式下，即便消费者在不同平台间跳跃，也能像是在一个连续、流畅、统一的体验世界中自由穿梭那样，享受无与伦比的极致体验。

（3）互动升级，与消费者共创品牌

新场景营销彻底打破了传统营销中品牌单向传递信息的模式，将消费者从旁观者转变为参与者，甚至成为品牌故事的共同创作者。

在社交媒体、虚拟现实、增强现实等前沿技术的助力下，品牌与消费者之间的互动已经十分生动有趣，消费者不再满足于仅仅作为信息的接收者，他们渴望更多地参与到品牌的成长与塑造中来。

比如，消费者可以通过社交媒体平台直接与品牌对话，分享自己的使用体验和创意想法。在虚拟现实和增强现实技术的加持下，消费者甚至可以亲身体验产品的未来形态，为产品的设计和改进提供宝贵的反馈。这种深度参与和互动，不仅让消费者感受到了前所未有的归属感和成就感，更让他们成为品牌忠实的粉丝和传播者。

对于品牌而言，这种与消费者的共创过程也是一次宝贵的创意碰撞和视角拓展的机会。消费者的反馈和建议，往往能够为品牌带来全新的灵感和方向，推动品牌不断创新和进步。在这个过程中，品牌与消费者之间的关系也得到了进一步巩固和深化。

（4）实时反馈，快速迭代优化

在瞬息万变的市场环境中，品牌的成功与否往往取决于其对市场动态的敏锐感知度和响应速度。新场景营销以其强大的实时数据分析能力，为品牌提供了一双洞悉市场的"慧眼"。

通过收集并分析消费者的实时数据，品牌能够即时捕捉到消费者对营销活动的反应、对产品的喜好以及购买行为的变化。这种实时反馈机制，使得品牌能够在第一时间了解到市场的真实声音，从而迅速调整营销策略，减少不必要的试错成本。更为关键的是，新场景营销的这种敏捷性赋予了品牌快速迭代优化的能力。在面对消费者需求的不断变化时，品牌可以迅速作出反应，对产品和服务进行持续改进，以满足市场的最新需求。这种持续优化的过程，不仅提升了品牌的竞争力，更巩固了品牌在消费者心中的地位。

（5）精准投放，提升营销效率

在传统的营销模式中，广告往往面向广泛而笼统的受众群体，这不仅导致资源的大量浪费，还使得营销效果难以衡量。新场景营销通过深入剖析消费者的购买行为、浏览习惯以及社交媒体互动等多维数据，构建出精细的用户画像，进而能够精确识别并定位最具潜力的目标受众。借助这种精准定位，品牌可以将宝贵的营销资源集中投放到那些最有可能产生转化的潜在客户身上。这种策略性的资源配置，不仅显著提升了广告触达的准确性和有效性，更从根本上优化了营销成本结构。品牌无须再盲目地广泛撒网，而是能够有针对性地开展营销活动，确保每一分投入都能获得最大的回报。

新场景营销的精准投放策略，不仅大幅提升了营销效率，更帮助品牌在激烈的市场竞争中实现了成本的最小化。这种降本增效的营销模式，正成为越来越多品牌的首选战略。

综上所述，在这个由新场景营销所打造的充满无限创意与可能性的新商业世界中，新场景营销以其深度个性化定制、全渠道无缝整合、互动性升级体验、实时反馈机制以及精准投放五大优势，正在引领营销领域新潮流，重新定义营销未来的走向。

第三章
场景搭建:"景"要怎么造,生意才会火

在商业舞台上,每一个成功案例的背后,都有一场精心搭建的"景"。这个"景",不仅是视觉上的盛宴,更是情感的纽带、文化的载体。它如同一座桥梁,连接着品牌与消费者的心灵,让消费者与品牌的每一次相遇,都能碰撞出火花,点燃购买的欲望,深化消费者对品牌的印象。

1. 重金"造景"，为什么效果不理想

在营销的世界里，场景营销犹如一场精心策划的戏剧，旨在通过构建生动的情境，引发消费者的共鸣，从而推动销售。然而，不少企业却发现，即便投入了大量的资源和创意，场景营销的效果往往不尽如人意。

场景营销的核心在于创造一个能够激发消费者情感反应和深度体验的环境。它超越了传统的产品推销，转而聚焦于构建品牌与消费者之间的深层次联系。理想的场景营销应当是感性与理性的完美结合，既能触动人心，又能引导行动。

在某个繁华都市的一隅，有一座名为×××的主题乐园，它以奇幻、浪漫为主题，吸引了无数家庭和情侣前去游玩。为了进一步提升游客体验，该乐园决定在即将到来的夏季推出一项名为"夜幕奇遇"的夜间主题活动，希望通过独特的场景营销吸引更多游客。

"夜幕奇遇"计划在每个周末的夜晚开放，意在将乐园变成一个充满神秘与魔法的仙境。该活动包括灯光秀、夜市、星空音乐会以及一系列互动游戏。乐园特别邀请了知名艺术家设计了炫目的光影装置，旨在打造一场视听盛宴，对乐园内的餐厅和商店也进行了相应的改造，以配合活动主题。

尽管乐园投入了大量资源，但该活动并未达到预期效果，反而引发了一系列问题，导致游客体验大打折扣。问题出在哪里？主要有这几个方面：一是安全措施不足。为了追求视觉效果，乐园在某些区域设置了复杂的灯光和装饰，忽略了安全出口的清晰标识，导致活动高峰期出现了人群拥堵的现象，存在安全隐患。二是活动安排混乱。由于对参与人数估计不准确，导致部分互动游戏和表演区域人满为患，游客排队时间过长，体验感下降。同时，一些表演因为人手不足而取消，引起游客不满。三是场景设计与目标受众不符。乐园原本希望通过这个活动吸引年轻情侣和成年游客，但过于复杂和抽象的艺术装置反而让这部分目标受众感到困惑，而家庭游客则反映活动缺乏适合儿童参与的内容。诸如此类的问题，令活动效果不尽如人意。

"夜幕奇遇"活动的失败不仅导致了乐园短期内受到经济损失，更重要的是损害了乐园的品牌形象，降低了游客的信任度。场景营销的成功不仅依赖于创意和视觉效果，更需要周密的规划、清晰的目标定位。

其实，现在这样的例子有许多。这些场景营销效果之所以不理想，说到底，还是场景搭建出了问题。具体来说，主要存在下面几个问题：

（1）缺乏深度洞察

许多场景营销活动之所以未能达到预期效果，首要原因是缺乏对目标消费者深度需求的洞察。例如，某高端品牌曾耗巨资打造了一场高调奢华的时尚秀，却忽视了目标消费者更倾向于追求低调内敛的生活方式，导致活动虽华丽，却难以触动消费者的心弦。

（2）情感连接断裂

很多时候，品牌在设计场景时过分注重形式美，而忽视了内容与消费者生活的真实关联。例如，某高端护肤品品牌曾斥巨资打造了一场以"极光"为主题的发布会，视觉效果很震撼，但未能有效传达自然护肤这一产品的核心价值，导致这场活动虽美，却难以转化为实际的销售动力。

（3）体验与期待不符

场景营销的成功与否，在很大程度上取决于是否能提供与消费者的期待相匹配的体验。如果场景设计与品牌承诺或消费者预期存在较大差距，就会造成消费者的体验落差，降低营销效果。例如，一家主打"健康轻食"的餐厅，其装修风格却倾向于奢华复古，这样的场景设计容易让消费者产生困惑，影响他们对品牌的认知。

（4）缺乏个性化触点

在大数据和AI技术日益成熟的今天，消费者对于个性化体验的期望值越来越高。然而，不少品牌在场景营销中仍采取"一刀切"的策略，未能根据消费者的具体需求和偏好进行定制化设计，导致营销信息难以精准触达目标受众。

场景搭建的初衷是创造能够引发消费者共鸣的环境，让消费者在特定场景中体验品牌，从而在情感上产生认同和记忆。这不仅是视觉或物理空间的构建，更是情感与体验的深度融合。因此，在"造景"时，要特别注意多感官体验设计，除了视觉效果，还应考虑如何通过声音、气味、触感等元素丰富的场景体验，创造立体的感官享受。同时，要注意尽可能地将场景与品牌故事结合，用情感驱动体验，让每一次场景搭建都成为一个引人入胜的故事，给人留下深刻的品牌印象。

总之，场景打造并非简单的环境布置或活动策划，它需要紧密结合消费者的实际需求和购物体验，注重场景与消费者的情感连接，并不断创新和打造差异化。只有这样，品牌才能在营销的舞台上创造出真正触动人心的场景，创造非凡的体验，并在这场营销的"戏剧"中赢得消费者的掌声，获得市场份额。

2. 正确的场景定位，实现精准营销

场景定位，作为精准营销的核心策略之一，正逐渐成为品牌实现个性化沟通、提升营销效率的关键。

场景定位是指根据消费者在特定情境下的需求、行为和心理状态，设计和实施有针对性的营销策略。场景定位强调在恰当的时间、地点，以合适的方式，向目标消费者传递相关的信息或提供适宜的服务，从而提高营销的精准度。

滴滴出行是行业领先的出行服务平台，它的成功不仅是因为提供了方便快捷的打车服务，更是因为通过智能化的场景营销，做到了深度理解用户需求，将服务无缝嵌入用户生活的各个角落，从而创造了独特的价值和体验。

下面，我们来看一下它的几个服务场景。

场景一：早晚高峰的智慧助手

在忙碌的工作日，早晚高峰成了上班族每天必须面对的挑战。滴滴出行通过大数据分析，能够精准预测早晚高峰的交通情况和乘客需求，提前布局车辆资源，以确保乘客能够快速叫到车。同时，在高峰期，滴滴出

行会适时发放优惠券，这样既缓解了乘客的焦虑，又提升了平台的使用频率。如此一来，滴滴出行不仅解决了乘客的出行难题，还增强了自身在高峰时段的竞争力。

场景二：雨雪天的温暖守护

滴滴出行利用天气预报 API，实时监测天气变化，一旦检测到雨雪天气，便立即启动应急预案，增加车辆供给，并向用户推送提醒信息和专属优惠，确保乘客即使在风雨交加的天气中也能安全、舒适地到达目的地。这种贴心的服务，大大提升了用户的好感度，加强了品牌与用户之间的情感联结。

场景三：生活娱乐的一站式解决方案

滴滴出行还与各大商场、酒店、电影院等商业合作伙伴建立起了紧密的联系，共同打造了一站式的出行体验。比如，当你预订了一家合作酒店时，滴滴出行会自动推送接送机服务；如果你正在电影院观看电影，滴滴出行则会提供"观影专车"服务，确保你在观影结束后能够迅速离开影院，避免拥挤的人群。这种场景营销，不仅丰富了滴滴出行的服务生态，也让用户感受到了全方位的关怀，从而培养了用户长期的品牌忠诚度。

滴滴出行通过正确的场景定位，不仅解决了用户出行的问题，还创造了超出预期的价值，从而在激烈的市场竞争中占据了有利地位。

对企业来说，如何根据自身情况进行场景定位呢？关键要把握好四个步骤。

（1）深化消费者洞察

在场景搭建前，进行深入的市场调研、数据分析等，以了解目标消费者的生活方式、消费习惯、兴趣爱好和需求痛点，为场景定位奠定基础。

例如，对于青年一代的消费者，他们可能更注重产品的个性化和时尚感；而对于中老年群体，产品的实用性和性价比可能更为重要。通过深入的市场调研和数据分析，企业可以精准把握这些差异，并在场景设计中充分体现出来，从而更有效地吸引和打动目标消费者。

（2）识别关键场景

基于对消费者的洞察，能够识别出那些与品牌价值和产品特性高度契合的场景。这些场景可能是日常生活中的某个时刻，如节日庆祝、家庭聚会或朋友生日派对，这时消费者可能对某些特定类型的产品或服务有更高的需求。此外，情感状态也是一个重要的考虑因素，比如，在压力大或情绪低落时，消费者可能寻求能够提供安慰或放松的产品。

通过精准识别这些关键场景，品牌不仅可以更好地理解消费者的需求和期待，还能开发出更加贴近消费者生活的产品和服务。这种以场景为基础的营销策略，不仅有助于品牌与消费者建立更深的情感联系，还提高品牌认知度和忠诚度，从而推动业务的持续增长。

（3）设计场景策略

这是场景营销中的核心环节，它要求企业根据已识别的关键场景，量身定制一套全面而精细的营销策略。这一策略的制定不仅仅局限于传统的广告和推广手段，也涉及产品设计、服务流程优化、广告创意构思以及促销活动的策划等多个方面。

品牌在设计场景策略时，首先需要考虑的是如何在特定场景下通过产品设计来吸引消费者。这可能涉及产品的外观、功能、使用体验等方面的创新，以确保产品能够在关键时刻抓住消费者的注意力并满足他们的实际需求。

其次，服务流程的优化也是场景策略中不可或缺的一部分。企业需要重新审视并调整其服务流程，以确保在特定场景下能够为消费者提供更加便捷、高效的服务体验。

最后，广告创意的构思也是设计场景策略时需要考虑的重要因素。在特定场景下，如何通过富有创意的广告来打动消费者，是每一名营销人员都需要思考的问题。

（4）执行与优化

执行场景营销策略是确保整个营销计划落地的关键环节。在这一过程中，企业需要调动各方资源，协调各个部门，确保营销策略能够按照既定计划顺利实施。然而营销策略执行并非一成不变地遵循原计划去办，而是需要根据实际情况作出灵活调整。

数据分析和消费者反馈是优化场景营销策略的重要依据。通过收集和分析营销活动产生的数据，企业可以了解营销策略的实际效果，比如，广告的点击率、转化率等关键指标。这些数据不仅反映了消费者的行为模式，还揭示了营销策略的优缺点。同时，消费者的直接反馈也是宝贵的信息源。总之，对营销策略的执行与优化，是一个持续不断的过程。企业需要保持敏锐的市场触觉，时刻关注数据和消费者的反馈，不断调整和完善场景营销策略。

在数字化转型的浪潮中，场景定位已成为品牌营销战略的关键组成部分。它要求品牌不仅要理解消费者，还要预见未来。通过创新的场景设计，为消费者创造超出预期的价值体验，从而在激烈的市场竞争中占据有利地位，实现持续增长。成功的场景定位，有助于企业在瞬息万变的市场环境中找准自己的位置，为消费者创造独特的价值体验。

3. 新消费带来两大营销趋势

近年来，消费市场正在经历一场前所未有的变革，新消费浪潮席卷而来，深刻影响着人们的消费习惯，越来越多的人从"买买买"的冲动消费转向追求个性、体验、价值的精细化消费，从单一渠道的购买习惯转向线上线下无缝衔接的全渠道体验，这些变化不仅是消费者逐渐成熟的体现，也是数字技术进步的必然结果。

面对这一趋势，企业一定要重新审视自身的定位与营销策略，以场景搭建为核心，创新融入消费者的生活方式，在激烈的市场竞争中立于不败之地。具体来说，就是企业在搭建营销场景时，一定要符合消费者的需求，并创造新的消费体验。

（1）消费回归理性与价值：营销要更加注重情感共鸣与价值传递

如今，消费者更加精明和挑剔，他们不仅看重产品的功能性，更在乎品牌所传递的情感与价值。因此，营销场景的构建需要更加注重与消费者产生情感共鸣与价值传递，而非单纯的产品营销。

在这方面，华为 Mate 系列发布会就是一个绝佳的例子，它向我们展示了如何通过场景营销实现情感与价值的双重传递，从而深深打动消费者的心。

华为 Mate 系列发布会不仅是一场新产品的展示会，它更像是一场科技与艺术的盛宴、一次品牌与消费者之间的深度对话。在发布会上，华为精心设计的每一个环节都充满了情感与价值的共鸣。从舞台布置到灯光音效，从主持人的话语到嘉宾的分享，所有细节都体现了华为对科技创新的追求和对用户需求的关注。当华为强调其自主研发的麒麟芯片时，不仅是在展示华为的技术实力，更是在传递一种自主研发、创新突破的精神。而这种精神，正是华为品牌核心价值的体现。

同样，当华为展示其卓越的摄影技术，或者分享其对全球通信技术进步的贡献时，也向消费者传递一种对美好生活的追求和推动社会进步的愿景。这些愿景与消费者的内心渴望相契合，能引发消费者强烈的情感共鸣。

通过精心设计的场景化营销策略，企业可以成功地将品牌故事、科技创新与人文关怀融为一体。这不仅让消费者在体验产品的同时感受到品牌的温度和态度，也有助于企业塑造良好的品牌形象。

（2）消费的线上与线下融合：构建全渠道营销场景

新消费趋势下，线上与线下不再是割裂的存在，而是相互补充、相互促进的有机整体。企业需要构建全渠道营销场景，为消费者提供无缝衔接的购物体验。

全渠道营销是指企业通过整合线上和线下各种渠道，包括零售门店、电子商务平台、社交媒体等，来满足客户的需求，并为客户提供一致的购物体验。其目标是提高销售效果和客户满意度，同时增强品牌的影响力。

盒马鲜生是阿里巴巴旗下的新零售品牌。它开创了"线上下单，线下体验"的全新购物模式。盒马鲜生的门店不仅仅是传统的超市，也是一个集购物、餐饮、娱乐于一体的综合体验中心。消费者既可以在线上下单，享受快速配送服务，还可以到门店亲自挑选新鲜食材，现场烹饪美食，享受沉浸式的购物体验。盒马鲜生通过智能化的库存管理系统、高效物流网络以及丰富多彩的线上线下互动活动，成功实现了线上与线下的深度融合，为消费者打造了一个全新的全渠道购物场景。这种模式不仅提升了消费者购物的便利性和趣味性，也极大地增强了品牌与消费者之间的黏性。

企业要构建全渠道的营销场景，需要从多方面入手，包括整合线上线下渠道、统一品牌形象和信息传递、创造无缝的购物体验、利用大数据分析精准营销、开展跨渠道的互动活动以及优化物流配送体系等。通过这些措施，企业可以为消费者提供更为便捷、个性化的购物体验，从而提升销售效果和客户满意度。

在新消费时代，营销场景的搭建不再局限于单一渠道或形式，而是需要围绕消费趋势，从理性价值与全渠道融合两个维度出发，不断创新和优化。通过构建情感共鸣的营销场景和全渠道融合的购物体验，企业不仅能够有效吸引和留住消费者，更能塑造独特的品牌形象。在未来的营销战场上，那些能够深刻理解并满足消费者新需求的品牌，必将脱颖而出，成为行业的佼佼者。

4.场景搭建的三个核心环节

在信息超负荷的当下,消费者的注意力成为品牌争夺的终极战场。面对传统营销方式逐渐失效的现状,新场景营销以其精准触达和情感共鸣的独特魅力,正逐渐成为品牌与消费者建立深度连接的新利器。

场景搭建作为新场景营销的关键环节,其成功与否直接关系到营销战略的成败。以下是场景搭建过程中不可忽视的三大核心要素:

(1)兴趣引导:点燃情感共鸣的火花

兴趣引导的首要步骤,是对目标消费群体进行深度洞察。品牌需要通过市场调研、数据分析以及社交媒体监听等手段,深入了解消费者的真实需求和兴趣所在。这一过程不仅是收集数据,更重要的是从数据中提炼出能够触动人心的情感元素。例如,运动爱好者对挑战自我、超越极限的渴望,或美食家对独特食材和烹饪技巧的追求,这些都可以成为品牌构建场景时的重要线索。

一旦确定了品牌与消费者的共鸣点,接下来就要巧妙地将产品或服务融入这些情境中,使之成为故事的一部分,而非突兀的广告。这要求品牌在创意上下足功夫,设计出既符合消费者兴趣又能够自然展现产品优势的场景。比如,户外装备品牌可以通过组织探险活动,邀请潜在客户亲身体验产品的性能，在冒险旅程中加深对品牌的认知和好感度。这种"体验式营销"不仅能够让消费者在实践中感受到产品的价值，还能让消费者在情感层面与品牌产生共鸣，形成深刻的正面印象。

当然了，兴趣引导的最终目的是建立起品牌与消费者之间的情感连接。当品牌能够准确捕捉并满足消费者的兴趣点，甚至超出他们的期待时，就能在消费者心中占据一席之地。

（2）海量曝光：让品牌无处不在

在兴趣引导成功点燃消费者心中的火花后，接下来，就要在广阔的市场空间中确保品牌信息能够无孔不入。这一步骤，可以称为"海量曝光"，其核心目标是通过多样化的营销渠道和策略，构建一个密集的信息网络，使品牌在消费者的日常生活中形成强大的存在感。

海量曝光离不开数字营销。其中社交媒体平台、搜索引擎、内容营销、电子邮件等工具，为品牌提供了前所未有的触达能力。社交媒体广告能够根据用户的兴趣和行为精准投放，确保将信息传递给最有可能感兴趣的受众；搜索引擎优化则能让品牌在用户搜索相关关键词时，优先出现在结果页面，提高可见度；内容营销通过高质量的内容吸引和保持目标受众的注意力，建立品牌权威和信任；而电子邮件营销则可以直接触达用户的私人邮箱，实现个性化的沟通。另外，关键意见领袖（KOL）和用户生成内容也在海量曝光中扮演着举足轻重的角色。

在海量曝光的过程中，品牌需要采取多渠道整合的策略，确保信息的一致性和连贯性。无论是线上还是线下，无论是传统媒体还是新媒体，品牌都应该有计划的布局，形成互补的传播矩阵。

例如，一个时尚品牌可以在社交媒体上发布最新的产品预览，同时在实体店内设置体验区，让用户亲手触摸或试穿；在电视广告中讲述品牌故事，同时在官方网站上提供详尽的产品介绍和购买指南。通过这样的全方位布局，品牌能够在消费者的不同生活场景中反复出现，加深消费者的印象。

（3）入口营销：创建便捷的购买通道

入口营销是营销漏斗中的最后一环，也是决定转化率高低的重要因素之一。随着消费者对购物体验的要求越来越高，他们期待每一次购买都能如同呼吸一般自然流畅。为此，企业需要精心设计和优化购买路径，消除一切可能阻碍交易的障碍。电商平台通过简化购物流程（比如，提供一键购买功能，允许消费者无须填写冗长的收货地址和支付信息即可快速下单），极大提高购买效率。此外，智能推荐系统能够根据消费者的浏览历史和偏好，主动推送消费者感兴趣的商品，进一步缩短了消费者从发现商品到购买商品的时间。

入口营销，是连接品牌与消费者之间"最后一公里"的桥梁，它直接决定了品牌在消费者心中的印象。优质的入口营销策略不仅能提升转化率，能够促进短期的销售增长，还能长期积累品牌忠诚度，为企业的持续发展奠定坚实的基础。

可见，搭建新场景的精髓在于创造与消费者生活紧密相关的体验，通过兴趣引导、海量曝光和入口营销的协同作用，将品牌信息转化为消费者心中的首选。在未来的营销版图中，品牌唯有不断创新，才能在瞬息万变的市场中脱颖而出，赢得消费者的青睐。

5. 搭建新商业场景的四个基础

商业场景的构建如同一座桥梁，连接着品牌与消费者、产品与市场。然而，这座桥梁稳固与否，取决于四大基石的坚实程度。这四大基石是：产品或服务、用户需求（痛点）、管理与技术、品牌。

（1）产品或服务：基础的基石

商业场景的搭建始于产品或服务。就像一座桥梁需要坚实的地基，产品或服务是整个商业场景的核心，是吸引用户、建立价值的基础。优秀的商业场景，其产品或服务须具备以下三个特点：

一是解决用户痛点。消费者选择一个产品或服务，本质上是为了解决自身的需求和痛点。因此，产品或服务必须能够真正解决用户的问题并为他们带来实实在在的价值。例如，一些外卖平台的出现，解决了人们在外吃饭时间长、选择少、不方便等痛点，迅速获得了市场认可。

二是具备差异化优势。在竞争激烈的市场环境下，产品或服务仅仅满足用户需求是不够的，还需要具备独特的差异化优势，才能吸引用户选择。

三是不断迭代升级。市场需求是不断变化的，产品或服务也需要不断迭代升级，以适应用户需求的变化。例如，一些热门的App会不断推出新功能，以满足用户的社交、支付、生活服务等多方面需求，从而保持其市场竞争力。

（2）用户需求（痛点）：连接的桥梁

用户需求是商业场景搭建的根本目的，正如桥梁需要连接两岸，商业场景也需要连接品牌和消费者。品牌只有洞察用户需求，才能设计出满足用户需求的产品或服务，才能构建出打动用户的商业场景。

第一，了解用户的真实需求是构建商业场景的关键。这需要深入研究用户的行为习惯、心理需求、生活场景等，才能准确把握用户的痛点，并有针对性地设计产品或服务。

第二，需要将用户需求转化为产品或服务的设计理念。这是商业场景搭建的一个重要环节。这需要将用户需求进行抽象和提炼，并将其融入产品或服务的研发、设计、运营等各个环节。例如，支付宝根据用户的支付需求，开发出了支付宝钱包、支付宝支付等功能，为用户提供了便捷的支付体验。

第三，要注重需求反馈。这需要收集用户对产品或服务的评价，并及时进行分析和改进，做到更好地满足用户需求，提升用户体验。

（3）管理与技术：商业场景搭建的支柱

管理与技术是商业场景搭建的重要支柱，就像桥梁需要坚固的支柱支撑一样，管理与技术为商业场景提供了保障和动力。

良好的管理体系是商业场景运营效率的保证，包括产品研发、市场营销、客户服务等各个环节的管理，以及数据分析、风险控制等方面的管理。技术是商业场景创新和发展的驱动力，包括人工智能、大数据、云计算等技术，以及移动互联网、物联网等技术。

另外，数据是商业场景运营的宝贵资源。通过数据分析，可以了解用户行为、市场趋势等信息，为产品或服务设计、营销策略制定等提供依据。例如，抖音通过用户数据分析，精准为用户推送他们感兴趣的短视频内容，提高了用户黏性。

（4）品牌：商业场景的标志

品牌是商业场景的标志，就像一座桥梁需要醒目的标识一样，品牌赋予了商业场景独特的价值和意义。这里的"品牌"主要涵盖三个方面，即品牌价值、品牌传播、品牌忠诚度。

品牌价值是用户对品牌的认可和信任。它主要包括品牌定位、品牌理念、品牌文化、品牌形象等方面的体现。品牌传播是将品牌价值传递给用户的过程，包括宣传推广、广告投放、市场活动、社交媒体运营等多种方式。品牌忠诚度是用户对品牌的持续支持和认可，需要品牌不断提升产品或服务质量，并与用户建立良好的互动关系。

搭建新商业场景是一个系统工程，需要将产品或服务、用户需求、管理与技术、品牌四个要素有机结合，才能构建出稳固、高效、充满活力的商业场景。只有不断优化这四个基石，才能打造出符合用户需求、具有竞争力的商业场景，并在激烈的市场竞争中取得成功。

6. 场景赋能营销的五个关键要素

每天消费者已经被海量的广告信息包围,如何才能突破信息壁垒,精准触达目标消费者,实现营销目标?答案就在于"场景赋能"。

场景赋能营销,不再局限于单一的广告投放,而是将产品和服务与用户真实生活场景紧密结合,创造沉浸式体验,实现从内容到转化的无缝衔接。这就要求企业在搭建营销场景时,必须注重以下五个关键要素:

(1)内容即本质:以场景为背景,讲好品牌故事

内容是场景营销的根基,它承载着品牌的故事与核心价值。所以,内容要与场景深度融合,成为场景的"灵魂"。高质量的内容能够吸引目标受众,激发他们的兴趣,促使他们主动探索更多内容。例如,小米的"发烧友文化",就是通过一系列富有科技感与创新精神的内容,吸引了大量科技爱好者,形成了强大的品牌社区。

在进行场景营销的过程中,围绕内容的创作,企业要把握好以下三点:

第一,内容塑造品牌故事。以故事情节为主线,将产品融入场景,让用户在沉浸式体验中感知品牌价值。例如,某化妆品品牌通过打造一个都市女性下班后回家放松的场景,将产品与用户的日常需求联系起来,并将

品牌理念融入场景中,让用户在体验中感受品牌的"精致生活"理念。

第二,内容满足用户需求。内容要满足用户在特定场景下的需求,提供有价值的信息和服务。例如,旅行品牌可以制作用户在旅行途中的美食、住宿、交通等内容,为用户提供出行攻略和灵感,将产品融入用户的旅行计划中。

第三,内容形式多元化。利用图文、视频、直播等多种形式,丰富场景内容,增强用户参与度。

(2)情感即纽带:用场景连接用户心弦

情感是场景搭建过程中要考虑的核心。消费者在消费过程中追求的不仅是产品的实用价值,更重要的是追求情感价值。企业通过挖掘消费者的情感需求,构建共鸣场景,可以加深消费者对品牌的认知与忠诚度。

比如,母婴品牌可以打造一个温馨的家庭场景,展现父母与孩子之间的爱和陪伴,让用户感受到品牌的温暖和关怀,提升用户对品牌的信任度。

另外,可以将用户的情绪融入场景,引发用户的共情,让用户对品牌产生认同感,或者利用场景传递品牌价值观,让用户感受到品牌的独特魅力。例如,运动品牌可以打造一个积极向上的运动场景,展现用户通过运动实现自我突破的故事,传递品牌的"健康、活力"理念。

(3)时间即效果:抓住时机,精准触达

在正确的时间将合适的内容呈现在用户眼前,才能实现营销效果的最大化。为此,企业需要洞察消费者的生活节奏与心理状态,选择恰当的时间窗口展开营销活动,从而获得最佳效果。例如,在节日、周末、工作日等,提供有针对性的服务和内容;或者根据用户在节日期间的购物需求,推出有针对性的促销活动，提供专属的优惠券和折扣；抑或通过对用户行为数据的分析，了解用户的喜好和习惯，在特定的时间点推送个性化内容，提高内容触达率。

（4）空间即覆盖：打破地域限制，拓展影响范围

这里的"空间"，不仅是物理意义上的场所，也是品牌触达消费者的渠道。品牌应充分利用线上线下资源，构建全方位的场景覆盖，确保消费者无论身处何地，都能与品牌产生互动。为此，可以采取下述三种策略：

第一，融合线上线下。将线上场景与线下场景结合，实现用户体验的无缝衔接。例如，餐厅可以充分利用线上平台进行预订和外卖服务，将线下餐厅场景拓展到线上，扩大用户群体。

第二，拓展地域范围。通过不同场景的打造，让品牌信息不再局限于某一特定区域，而是通过多元化的场景设计，穿越地理界线，让更多的人了解和接受品牌，从而有效提升品牌的知名度和市场占有率。简而言之，就是借助丰富的场景，让品牌声音跨越地域，实现全面覆盖。

第三，融入用户生活。将品牌信息融入用户的生活空间意味着在用户的日常生活中，无论是在家中、办公室、购物中心还是公共交通工具上，品牌都能以适宜的方式出现，成为用户生活的一部分。这种策略要求品牌深入了解用户的生活习惯和需求，以便更精准地选择合适的场景进行融入，从而实现品牌与用户生活的无缝对接。

（5）互动即转化：引导用户行为，实现最终目的

在现代营销策略中，"互动即转化"已经成为一种核心经营理念，强调通过深度互动，来增强用户参与感，有效引导用户行为，实现营销目标。场景营销在此过程中扮演着至关重要的角色。它巧妙地将品牌信息融

入用户的生活场景中，通过一系列精心设计的互动环节，激发用户兴趣，促进用户分享，最终引导用户完成购买，实现从兴趣到行动的无缝转化。

为此，企业可以精心设计每一个环节，如互动游戏、趣味问卷、社群讨论等，来吸引用户参与，激发他们的分享欲望，促成购买行为，最终形成一个完整的闭环。例如，肯德基的"口袋炸鸡店"小程序，通过游戏化的设计，鼓励消费者参与挑战，赢取优惠券，完成下单购买，有效提升了订单量。

在数字化与消费升级的双重推动下，场景营销正逐渐成为品牌营销的主流趋势。企业应积极拥抱场景思维，通过内容的打磨、情感的激发、时间的把握、空间的拓展与互动的设计，构建出独特而有效的营销场景，与消费者建立起深层次的连接，实现高效转化。

7. 提升用户转化率的六个要素

好的场景搭建犹如一把精致的钥匙，能够精准开启用户心灵的大门，勾勒出他们向往的生活方式……正是这样的场景，让品牌与用户之间产生了情感的共鸣，激发了用户内心的渴望，从而自然而然地促成转化。

你可以想象这样一幅画面：一位疲惫的都市白领在下班后乘地铁回家，无意间刷到一款智能按摩枕的广告，它不仅展示了产品的功能，还通过一系列温馨的画面，讲述了一个人如何在忙碌的生活中寻找片刻宁静的故事。这一刻，产品不再是生硬的物件，而是变成了用户渴望拥有的慰藉。这就是场景搭建的力量！它能够将品牌信息与用户的生活紧密相连，让每一次接触都变成一次情感的碰撞、一次转化的机会。

特别是在数字时代，用户转化率是衡量企业成功的关键指标。它反映着企业吸引用户、留存用户并最终实现目标的能力。当然，提升用户转化率并非易事。现在，我们就从六个关键要素——时间、地点、人物、事件、连接方式和用户体验出发，探究提升用户转化率的底层逻辑。

（1）时间：把握黄金时刻，实现快速转化

不同的时间节点，用户的行为模式、心理状态、需求偏好都截然不同。抓住最佳时间点，才能让转化率事半功倍。如何把握最佳时间点呢？

首先，要了解用户行为模式。通过数据分析，了解用户在不同时间段的行为特点。例如，电商平台可以通过分析用户在不同时间段的浏览量、购买量、下单率等数据，识别出用户最活跃的时间段，并在该时间段集中投放广告或进行促销活动。

其次，要洞察用户心理状态。用户的心理状态随着时间、环境和个人经历的变化而波动，这直接影响了他们对信息的接收程度，对产品或服务的需求强度以及对行动的决策速度。比如，清晨，人们心情较为清新，对新鲜事物持开放的态度，下班后倾向于放松和享受，对家庭用品、娱乐产品、夜间课程等的需求上升。又如，节日前后，人们普遍处于期待和庆祝的状态，对礼物、旅游、节日装饰的需求显著增加。

最后，要抓住关键节点。重要节日、纪念日、促销活动等时间节点，都是用户转化的高峰期。例如，某电商平台通过分析用户数据发现，用户在周末下午的浏览量和购买量明显高于其他时间段。于是，该平台针对周末下午推出了"周末狂欢节"促销活动，并使用限时抢购、优惠券等促销手段吸引用户购买。结果显示，该活动期间的转化率大幅提升，为平台带来了可观的收益。

（2）地点：构建场景关联，触达转化目标

地点，如同一个舞台，可以为用户转化提供不同的场景，不同的地点，用户所处的环境、需求、行为模式都不同。地点不仅是一个物理空间的概念，更是一个能够影响用户心理和行为的重要变量。

在不同的地点，用户所处的环境氛围、产生的需求以及展现的行为模式都会有所不同。例如，在商业区的繁华街道上，行人的需求可能更倾向于寻找餐饮或购物场所；而在安静的住宅区内，居民可能更关注生活服务或休闲娱乐设施情况。因此，只有精准定位用户所处的具体地点，营销活动才能更有效地触达目标用户，进而引导他们进行消费转化。

在实施这一策略时，可以充分利用现代技术手段，如基于地理位置的服务（LBS）来精确推送与用户所在位置紧密相关的商品或服务信息。比如，当用户进入某个购物中心时，我们可以通过移动设备向他们推送该中心的优惠活动或特色商品信息。这样不仅可以提高营销的针对性和效果，还能为用户带来更加个性化的购物体验。

此外，通过深入分析用户在不同地点的行为模式和消费习惯，还可以进一步优化商品和服务的布局，使其更加符合用户的实际需求。这种基于地点的精准营销策略，无疑将大大提高商业活动的效率和成功率，同时也能够为用户带来更多的便利和惊喜。

（3）人物：锁定目标群体，实现精准转化

人物，是营销剧本中的主角，他们的行为和偏好由各自的年龄、性别、职业、兴趣以及消费习惯等多重因素共同塑造。为了实施精准营销并提高转化率，我们需要深入理解这些用户特征，构建出细致的用户画像。

通过系统地收集和分析用户的基本资料、在线行为数据和消费偏好，描绘出每个用户的独特画像，揭示他们的需求、行为和消费模式。这种深入的用户洞察，使我们能够更准确地把握目标受众，避免盲目营销。

例如，某电商平台通过精细的用户画像分析，识别出"时尚达人""家居爱好者""运动爱好者"等不同的用户群体。该平台并没有采取"一刀切"的营销方式，而是根据每个群体的特点和需求，量身定制了商品推荐和促销活动。对于追求潮流的"时尚达人"，该平台重点推广新款时装和佩饰；对于注重生活品质的"家居爱好者"，推出设计感十足的家居用品；而对于热爱户外活动的"运动爱好者"，则提供相应的运动装备和户外产品。

这种以用户为中心、基于深入用户画像分析的个性化营销策略，不仅提高了营销活动的针对性和实效性，更显著提升了用户满意度和转化率，也体现了精准营销的核心思想：真正理解并满足消费者的独特需求。

（4）事件：抓住热点契机，创造转化机会

事件，就像是一个变幻莫测的舞台，不断为用户转化提供着多样化的场景。在不同的事件背景下，用户展现出各异的行为模式、心理状态和需求偏好。因此，敏锐地捕捉这些时机节点，成为创造转化机会、提高转化率的关键。

例如，在世界杯的狂热氛围中，一些体育用品电商平台会紧紧抓这一全球瞩目的重大事件，巧妙地推出与世界杯紧密相关的促销活动。这种策略不仅借助了事件本身的巨大热度，还精准地满足了球迷们对于相关商品和服务的旺盛需求。

同样，当温馨的情人节到来时，珠宝品牌便不失时机地推出情人节限量版产品。这些匠心独运的设计，不仅赋予了节日更深的情感意义，也成功吸引了众多追求浪漫的消费者。

更进一步，当用户在平台上展现出对某款商品的兴趣时（例如，浏览或搜索行为），平台便能智能地触发相关商品或服务的推荐。这种个性化的营销策略，既提升了用户体验，也有效促进了转化率的提高。

（5）连接方式：优化沟通渠道，提升转化效率

连接方式如同一个纽带，将用户与企业连接在一起。不同的连接方式会为用户带来不同的体验，进而影响转化率的高低。为了提升转化效率并实现用户转化的最大化，构建多平台联动成为一种有效的策略。

以某服装品牌为例，其巧妙地利用了微信公众号、微博和抖音等多个平台，进行全方位的产品推广和用户互动。在这些平台上，品牌不仅展示了最新的产品款式和潮流搭配，还通过精彩的内容吸引了大量用户的关注和互动。更重要的是，他们巧妙地引导了用户前往官网或线下门店进行购买，从而实现了销售的有效转化。

这种跨平台的营销策略，充分发挥了每个平台的独特优势，形成了强大的推广合力。通过多元化的渠道推广（如搜索引擎优化、社交媒体宣传以及精准的广告投放）品牌的曝光度得到显著提升，吸引了更多潜在用户的访问和关注。

同时，通过直播平台上的产品演示和用户互动环节，品牌成功地提升了用户的参与度和购买意愿。这种直观、生动的展示方式，不仅让用户更加深入地了解了产品的特点和优势，还激发了他们的购买热情。

（6）用户体验：打造优质体验，提高复购率

良好的用户体验能够提升用户满意度，增强用户黏性，最终实现用户转化。以某电商平台为例，其致力于为用户打造极致的购物体验。为了实现这一目标，平台对网站流程进行了精心简化，使用户能够更轻松地浏览和选购商品。同时，它们还大幅提高了物流速度，确保用户能够在最短的时间内收到心仪的商品。这些举措极大地提升了用户的购物体验，让用户感受到便捷与高效。

除此之外，该平台还为用户提供了个性化的商品推荐服务。通过深入分析用户的需求和偏好，平台能够精准地为用户推送符合其需求的商品，从而进一步提升了用户的满意度。

正是这些细致入微的服务和体验优化，使得该平台的用户满意度和转化率都得到了显著提高。这也充分证明，打造优质的用户体验是留住用户并促成转化的关键所在。

通过对时间、地点、人物、事件、连接方式与用户体验六大要素的深入理解和灵活运用，企业方能构建更加精准、高效的营销策略，并最终实现高效的用户转化。

第四章
场景触发：瞬间点燃消费欲望的营销策略

场景触发如同一道闪电，能瞬间照亮消费者的心灵。其核心在于精准捕捉消费者的情感需求和生活情境，通过构建引人入胜的场景，唤醒消费者的内在渴望，促使他们从旁观者转变为参与者，最终实现消费行为的转化。

1. 从"人货场"模式到场景化消费

我们知道,消费是经济发展的重要引擎,也是社会生活的重要组成部分。在商业发展史上,"人货场"模式曾是零售行业的铁律,它奠定了传统商业的基本框架。然而,随着数字化浪潮的席卷和消费者需求的日益个性化,这一模式正逐渐被场景化消费所取代。特别是新场景的不断涌现,不仅改变了人们的消费习惯,更塑造了全新的消费文化。

(1)"人货场"模式:以效率为王道的时代

"人货场"模式,即消费者、商品和场所三者之间简单直接的连接模式,它是传统零售业的基石。在这个模式下,消费者在特定的场所,以效率为目标,快速完成商品的挑选和购买。超市、百货商店、购物中心等都是"人货场"的典型代表。

这种模式在商品供应相对匮乏的年代,凭借效率优势,为消费者提供了便捷的购物体验。然而,随着社会发展和消费水平的升级,人们对购物体验的要求也越来越高,追求个性化、体验式、场景化的消费需求逐渐涌现,传统"人货场"模式的弊端也越发显现。

(2)场景化消费:体验至上的新时代

场景化消费,顾名思义,是以场景为核心,将商品融入特定的消费场景中，为消费者提供沉浸式的体验感受。它打破了传统"人货场"模式的局限，将消费场景延伸至各个角落，并与消费者的情感和生活方式深度融合。

互联网的普及打破了时间和空间的限制，将线下消费场景延伸到线上，形成虚拟购物中心、直播带货、社交电商等新型消费模式。线上场景的无限扩展，不仅满足了消费者多样化的需求，更将消费者的购物体验提升到了全新的高度。

在场景化消费中，线下场景不再是交易场所，而是被赋予了文化、娱乐、社交等附加价值。例如，主题餐厅、沉浸式剧场、网红打卡地等，通过场景设计、氛围营造、服务体验等，能为消费者创造充满乐趣、难忘的消费记忆。这种体验式消费，可将商品从单纯的功能性价值转变为情感价值和文化价值。

与此同时，线上与线下场景的融合，为消费者创造了更便捷、更个性化的消费体验。例如，线上预约线下消费、扫码支付、无人零售等模式，将线上、线下的优势互补，打通了消费链条，形成了更加完善的消费闭环。

场景消费的本质，在于通过打造沉浸式的体验，满足消费者对精神层面的需求。场景营造的艺术，在于将产品、服务、空间、文化等元素巧妙地融合在一起，为消费者构建一个充满吸引力的消费世界。

（3）场景化消费的影响：从"消费习惯"到"社会文化"

场景消费的崛起，不仅重新定义了人们的消费习惯，更在不经意间改变着社会文化的面貌。它如同一面镜子，映射出当代社会的多元化需求与情感追求。其产生的社会影响主要体现在以下几个方面：

第一,促进了消费升级。场景消费注重个性化、体验感和文化价值,引导消费者追求更高品质、更丰富多彩的消费体验,推动消费升级。

第二,加速新兴业态的涌现。场景消费催生了众多新兴业态,如催生了体验式消费、场景营销、网红经济等,为社会经济发展注入了新的活力。

第三,引领文化消费的崛起。场景消费将文化元素融入消费体验,促进了文化消费的发展,提高了人们对文化的需求度和欣赏水平。

第四,重塑了一些社会价值观。场景消费注重消费者的情感诉求和精神需求,促使企业更加关注社会责任和价值观,以积极的社会价值观引导消费行为。

从"人货场"到场景化消费,是商业逻辑的一次深刻进化,标志着消费者主权时代的全面到来。在这个全新的消费场景中,人不再是被动接受者,而是主动参与者,甚至是创造者;货物也不再是单纯的商品,而是承载着文化、情感与故事的载体;场景则从物理空间跃升为虚拟与现实交织的多维体验场所。"人货场"三者之间,不再是简单的线性关系,而是相互交织、相互赋能的动态网络,共同编织出一幅丰富多彩的商业生态画卷。

2. 热销场景：点燃用户的购买热情

如今，各种商品琳琅满目，选择似乎无处不在，可谓是"只有想不到，没有买不到"。如何让一款产品瞬间脱颖而出，如何第一时间激发潜在目标消费者的购买欲望，这已经是每个品牌和商家面临的挑战。要破解这一难题，一个重要的逻辑就是创造热销场景。

这里说的"热销场景"，不是指人为的炒作，或是过去那种老套的玩法，而是将产品置于更加生动、更具吸引力的场景中，短时间内聚集大量关注，提升产品曝光度，从而激发用户的购买热情，最终转化为实实在在的销售成果。

通常，企业通过营造稀缺性、制造紧迫感、提供独家体验等策略，来营造热销场景，以巧妙地将用户的理性决策转化为冲动消费，最终实现销售目标。

（1）线下快闪店：打破常规，创造独特体验

线下快闪店，是一种新型的零售模式，它通常以短期、临时的方式在特定地点开设，并以独特的主题、创意设计和限时优惠吸引消费者。这种模式的精髓在于打破传统零售模式，为用户创造新奇的体验，提升品牌价值。

Nike（耐克）在纽约第五大道开设的快闪店 Nike House of Innovation，以科技感和互动性为主题，将数字体验与实体店结合，为用户打造沉浸式的购物体验。用户可以通过 AR 试衣、个性化定制等功能，感受科技的力量，提升购买意愿。

线下快闪店通过独特的体验和创意设计，不仅能吸引消费者，更能通过社交媒体的传播，扩大品牌影响力，实现品牌价值的提升。

（2）会员专享：打造专属福利，增强用户黏性

会员专享，是指品牌针对忠实用户推出的专属福利和优惠，例如，会员折扣、优先购买权、专属客服等。这种营销策略通过打造"独家"体验，增强用户对品牌的忠诚度和黏性，最终实现了销售的长期稳定增长。

星巴克的会员计划"星巴克臻选"为会员提供积分累积、免费饮料、专属优惠等福利，有效提升了用户的忠诚度。同时，星巴克还针对不同级别的会员，提供个性化的服务和体验，满足不同用户的需求，进一步提升了会员的满意度。

会员专享有助于用户与品牌建立长期的合作关系，并通过持续的送福利和提供服务，增强用户对品牌的信任感。需要注意的是，会员专享福利的设计需要与用户的需求相匹配，避免出现"鸡肋"福利，这样才能真正吸引用户，增强用户黏性。

（3）预售特权：提前锁定用户需求，预测销量

预售特权，是指品牌在产品正式上市前，向用户提供预订产品的机会，并给予一定的优惠或独家福利，例如，推出限量版，提供优先发货服务等。这种策略可以帮助品牌提前锁定用户需求，预测产品销量，并有效提升新品上市后的市场反响。

苹果新品发布会结束后，官网会开启新品预售模式，让用户可以选择预订不同版本的新品，并享受一定的优惠和优先发货权益。这种营销策略不仅能帮助苹果预测销量，更能有效提升新品上市后的市场热度，吸引更多用户购买。

企业通过预售特权，可以将用户需求与产品供应连接起来，并通过提前预订，提升用户对产品的期待感，最终实现销售目标。

可见，触发热销场景是一种将产品、情感、体验和个性化服务完美融合的营销艺术。对于品牌而言，掌握热销场景的构建之道，不仅能够提升产品销量，更能建立起品牌与用户之间持久的情感纽带，为品牌的长期发展奠定坚实的基础。

3. "心动"场景：制造情感共鸣的心动瞬间

"心动"是人类最原始的情感之一，它代表着对美好事物的渴望和向往。"心动"场景营销，是品牌与消费者建立情感连接的重要手段。它通过洞察用户的情感需求，利用感官刺激、故事叙述和情感表达，打造沉浸式的体验场景，最终实现品牌价值的提升。

要制造"心动"场景，不能只进行单纯的感官刺激，而是要在对消费者心理和情感进行深入洞察的同时，制造特定的场景和体验，引发消费者共鸣，最终将品牌价值与消费者内在的情感联系在一起，即通过"心动"

场景实现品牌与消费者的情感连接，使他们感受到被理解、被触动，进而产生购买行为。

在触发"心动"场景时，可以采用以下一些策略：

（1）愿望清单：唤醒用户内心深处的渴望

每个人的心中都有一份"愿望清单"，记录着此人对美好生活的向往。这份清单可能是一场说走就走的旅行，一件心仪已久的服饰，抑或陪伴家人共度的温馨时光。企业或商家可以通过"愿望清单"的营销策略，唤醒消费者内心深处的消费渴望，将品牌与他们的梦想和追求联系在一起。

比如，有一家旅游公司推出了一款名为"旅行××"的在线游戏，就抓住了人们渴望闲暇时"旅行"的心理，赢得了众多玩家的青睐。在游戏中，玩家通过收集物品、完成任务，帮助自己扮演的游戏角色完成旅行。在这个过程中，玩家也沉浸在对旅行的幻想中，并与游戏角色产生了一种奇妙的陪伴感。游戏利用"愿望清单"的理念，满足了人们对旅行和陪伴的渴望，并巧妙地将游戏与品牌价值相融合，最终获得了巨大成功。

在运用该营销策略时，需要注意以下几点：一是要鼓励消费者列出自己的"愿望清单"，并为他们提供实现这些愿望的途径和资源。二是将品牌产品与消费者的"愿望清单"进行关联，让消费者感受到品牌能够帮助他们实现梦想。例如，运动品牌可以举办"马拉松挑战"活动，鼓励消费者挑战自我，实现他们的运动目标。三是通过互动营销活动，鼓励消费者分享自己的"愿望清单"，并与其他消费者进行交流，打造一个充满希望和梦想的社区。

（2）梦想挑战：激发内在的潜能与动力

每个人都有梦想，但实现梦想往往需要克服重重困难。商家可以通过

"梦想挑战"的营销策略,鼓励消费者勇敢追梦,并为他们提供相应的支持和帮助,激发他们的内在潜能和动力。

比如,耐克的"Just Do It"广告语,就充分体现了"梦想挑战"的理念。耐克鼓励人们突破自我、挑战极限,将品牌价值与勇敢追梦的精神相结合,并通过各种励志故事和运动员的成功案例,激发消费者的运动热情。

在运用该营销策略时,需要注意三点:一是策划"梦想挑战"活动,引导消费者参与到挑战中,并为他们提供相应的奖励,形成激励机制,帮助他们克服困难,最终实现梦想;二是打造"梦想大使"形象,邀请业界有声望的人士分享他们的追梦故事,并鼓励消费者向他们学习,激发他们的追梦斗志;三是通过社交媒体平台,分享成功案例,传播正能量,鼓励消费者记录自己的追梦旅程,共同营造一个勇敢追梦的氛围。

(3)随机惊喜:制造"小确幸"

生活中的"小确幸"往往更容易让人感到快乐和满足。商家可以采用"随机惊喜"的营销策略,为消费者制造意外的惊喜和快乐,提升消费者对品牌的好感度和忠诚度。

比如,某商家的"秘密菜单"活动就是一个典型的案例。该商家并未公开宣传这一活动,而是通过社交媒体和口碑传播,让顾客了解到除了常规菜单上的饮品,还有许多隐藏的、创意十足的饮品可供他们选择。这些"秘密菜单"上的饮品往往是基于顾客的创意,结合商家的原料和调制方法制成的。

采取这种"随机惊喜"的策略能让顾客感到兴奋和好奇,可以激发他们探索和分享的热情,增强顾客与品牌之间的互动和黏性。同时,也可提升商家的形象,让顾客感受到品牌的创新性和趣味性。另外,商家还可以经常进行"买一赠一""随机免费升级"等随机惊喜活动,进一步达到增强顾客的惊喜感和满足感的目的。

这种营销策略的效果惊人,不过,在运用这种营销策略时,首先,要确保活动是真实的,不能误导消费者。其次,惊喜应该适度,过多的惊喜可能会降低营销效果,甚至让消费者产生厌倦感。商家需要根据目标群体的特点和需求,合理设计和实施惊喜策略。最后,应尽可能地提供个性化的惊喜,以满足不同消费者的需求和喜好,提高惊喜的针对性和效果。当然,在提供惊喜的同时,也要注意控制成本,确保惊喜营销策略的经济效益。

(4)定制礼盒:打造独一无二的专属体验

在个性化消费趋势下,消费者更加注重品牌提供的专属体验。品牌可以通过定制礼盒的营销策略,为消费者提供个性化的服务,满足他们的特殊需求,增强品牌价值以及与消费者的情感连接。

定制礼盒可以包含各种各样的商品,从美妆产品、食品、书籍到家居用品,甚至是体验类服务,如SPA护理、烹饪课程等。关键在于这些商品或服务都是根据消费者的个人偏好和需求精心挑选和搭配的,从而为消费者提供独特且高度个性化的产品组合。

例如,化妆品品牌可以推出"皮肤类型定制礼盒",根据消费者的肤质和护肤需求,为他们提供一套包括洁面、爽肤水、精华、面霜等产品在内的定制礼盒;食品品牌可以推出"口味偏好定制礼盒",根据消费者的口味偏好,提供包含巧克力、坚果、果干等在内的零食定制礼盒。

在运用这一营销策略时,需要注意以下几个方面:一是定制礼盒的核心在于满足消费者的个性化需求，确保定制作礼盒的精准性和个性化；二是无论定制礼盒中的商品是什么，都必须保证其品质和性价比，否则会降低消费者的体验，损害品牌形象；三是为了保持消费者的兴趣和新鲜感，要定期更新定制礼盒的商品组合和设计，不断推出新的定制选项。

在未来的营销时代，情感营销将越发重要。品牌只有不断创新，寻找品牌对消费者新的情感触点，才能赢得消费者的心，从而在竞争激烈的市场中脱颖而出。而"心动"营销，正是开启情感营销新时代的钥匙。

4. 互动场景：实现用户与品牌的深度连接

品牌与消费者之间的交流曾经是一个单行道，信息由品牌方单向输出，消费者只能被动接受。但在当下的信息爆炸时代，用户注意力越来越碎片化，品牌要想突围，仅依靠传统的单向传播显然已经无法满足需求。如何与用户建立深度连接，让品牌真正深入人心呢？一个有效的营销策略就是打造互动场景，即通过采取实时互动直播、互动式故事叙述和社交媒体挑战等方式，品牌将用户从被动接受者转变为主动参与者，实现品牌与用户之间的深度连接，最终实现二者的共鸣和共情。

在这种场景中，品牌不再是高高在上的说教者，而是与消费者并肩同行的伙伴；消费者也不再是被动的信息接收者，而是积极参与品牌故事的创作者。通过互动场景让我们看到了品牌与消费者深度连接的可能性，也让营销变得更加有趣、更有温度。

(1) 实时互动直播：打破次元壁垒，创造实时共鸣

实时互动直播是近年来较为火爆的互动场景之一，其魅力在于打破了时间和空间的限制，让品牌能够与用户实时互动，二者建立起更加亲密的联系。

比如，一些企业家，或平台的头部主播，会通过直播与用户进行实时互动，介绍产品、解答疑问，从而实现较好的销售转化率。再如，越来越多的品牌选择将新品发布会搬到直播间，通过直播的形式与用户分享产品理念、设计理念，并进行实时互动问答，营造用户更强的参与感和仪式感。当然，一些虚拟偶像、明星艺人也会通过直播平台举办线上演唱会，与粉丝进行实时互动，演唱歌曲，分享感受。

在直播过程中，用户可以发送弹幕，表达自己的观点、想法和情感，与主播和观看直播的其他用户进行互动。此外，用户还可以通过打赏礼物，表达对主播的喜爱和支持，主播也可以通过礼物打赏情况了解观众的喜好和需求。

总体来说，直播能够实现品牌与用户之间的实时互动，及时回应用户的问题和反馈，增强用户的参与感和满意度，为用户带来更强的沉浸式体验。

(2) 互动式故事叙述：构建情感连接，打造深度共鸣

互动式故事叙述是一种创新的营销策略，它将品牌的理念、产品价值融入生动的故事中，通过用户的参与和选择，引导故事的发展，使用户不仅是故事的听众，更是故事的参与者和创造者。这种营销策略可以有效地拉近品牌与消费者之间的距离，构建情感连接，打造深度共鸣。在互动

式故事叙述中,品牌故事被转化为一系列的互动环节,用户的选择将直接影响故事的发展方向和最终结局。这种模式打破了传统故事叙述的线性结构,赋予了用户更大的主动权和参与感,使用户在参与过程中对品牌的价值观和产品特性有了更直观、更深刻的体验和理解。

以游戏化体验为例,品牌可以设计一款与产品或服务相关的小游戏,让用户在游戏中体验品牌的价值和理念。比如,一家健康食品品牌可以设计一款营养配餐的游戏,让用户在游戏中学习健康饮食的知识,同时体验品牌产品的营养价值。

再以互动式剧情为例,品牌可以设计一部互动电影或电视剧,让用户通过选择不同的情节发展设计,引导剧情发展,体验不同的故事结局。

个性化推荐也是互动式故事叙述的一种形式,品牌可以根据用户的行为数据和偏好,提供个性化的推荐,使用户在享受个性化服务的同时,对品牌产生更深刻的理解和认同。

(3)社交媒体挑战:激发用户参与,打造病毒式传播

社交媒体挑战,作为一种新兴的营销策略,社交媒体参与正逐渐成为品牌在数字时代中吸引用户关注、激发用户参与、实现病毒式传播的有效手段。这种策略充分利用了社交媒体的特性和优势,通过设计富有创意、趣味性和互动性的挑战活动,激发用户的参与热情,促使他们在社交平台上分享和传播,从而快速扩大品牌影响力,实现品牌信息的"病毒式"传播。

常见的场景有:舞蹈挑战,品牌通过发布一段舞蹈视频,鼓励用户模仿并拍摄视频,然后使用指定话题进行分享,将品牌信息迅速传播到社交平台;创意挑战,商家发布一个创意挑战,鼓励用户发挥创意,吸引更多

用户参与；等等。

社交媒体挑战的核心在于其趣味性和互动性。挑战活动的设计通常围绕某一主题，结合品牌理念或产品特性，设计出既有趣味性又能引发消费者共鸣的挑战内容。这些挑战简单易行，容易引起用户的参与兴趣，同时又具有一定的挑战性，能够激发用户的成就感和分享欲。同时，社交媒体挑战还具有极强的互动性和社交性。用户在参与挑战的过程中，不仅能够与品牌进行直接的互动，还能与其他用户进行交流和分享，形成一种社区感和归属感。

互动场景，是品牌与消费者深度连接的舞台，是情感共鸣的触发器，是品牌故事的共创者。它不仅能让品牌信息更加深入人心，也能让消费者体验到品牌的温度和价值，同时也可深化营销内涵，道出营销的本质不仅是信息的传递，更是情感的连接和需求的满足。

5. 体验场景：让用户尽享非凡感受

如今，品牌与消费者之间的连接方式正发生着翻天覆地的变化。如果说过去消费者对品牌的感知主要来自广告、产品和价格，对产品的需求更多地停留在功能层面，那么现在，消费者更注重的是体验。因此，企业和商家必须注重体验场景的触发。

体验场景，简单来说，是指品牌为了吸引和满足消费者，通过精心设计的环境、活动、服务或产品,为消费者创造的一种沉浸式、互动式或个性化体验的空间与情境。在体验场景中,消费者不仅能接触到产品或服务本身,更能通过五感(视觉、听觉、嗅觉、味觉、触觉)和情感的全面调动,享受超越产品功能本身的价值,感受品牌文化、理念和情感,从而建立起与品牌之间更深层次的连接。

为了营造良好的体验场景,商家需要将品牌理念、产品特色和消费者需求巧妙融合,创造出一个个令人难忘的瞬间。常见的策略主要有以下几种:

(1)产品试用:从试用体验到品牌认知

产品试用,是用户与产品初次接触的桥梁,也是消费者对品牌建立信任感的第一步。通过提供试用机会,用户可以直观感受产品的性能、品质、设计等方面,从而更深刻地理解产品的价值。

产品试用作为体验营销的基础手段,一直备受企业青睐。与简单地展示产品功能不同,产品试用能够让消费者切身感受到产品的使用体验,充分激发他们的兴趣和好奇心。以苹果公司为例,其著名的 Apple Store 不仅向消费者展示了各类 Apple 产品,还专门设置了试用区,鼓励顾客亲自体验产品的各项功能。这种方式不仅能有效打消消费者的购买顾虑,也能增强他们对品牌的认同感和忠诚度。

"鸡蛋总动员"是北京雨阳湖商贸有限公司全力打造的一个基于社区生鲜服务的鸡蛋品牌直营店,目前,已经在北京市开设了 10 多家直营店,成为老百姓家门口的鲜鸡蛋供应店,复购率达到 70% 以上,已初步形成区域口碑效应。该公司旗下有 3 个蛋鸡养殖基地,为保证产品新鲜度,在京津冀地区设立了 8 个恒温库房,实现从生产至到店 72 小时内完成。

"鸡蛋总动员"鲜鸡蛋是京津冀地区第一家规模蛋鸡养殖场品牌鸡蛋专营店，从第一家直营店开业之日起，就搭建了全新的消费场景，高颜值的门店品牌形象具有很强的视觉冲击力，吸引了消费者的光顾。消费者可以通过店内的大屏幕看到养殖场的实时养殖场景，还可以现场免费试吃清水煮鸡蛋。随着直营店市场布局的深入，其直营品类还在不断地扩充中。

当然，试用的方式可以多种多样，比如，采用线下体验店、线上试用平台、限时免费体验等方式。以线上试用平台为例，一些电商平台经常推出试用产品，用户可以通过申请获得产品试用资格，在实际使用过程中记录体验感受，并分享到社交平台，为其他用户提供参考。

（2）定制化体验：满足个性化需求，打造独一无二的感受

在消费个性化的时代，用户渴望拥有独一无二的体验，而定制化体验正是迎合了这一需求。通过根据用户需求进行个性化定制，产品和服务能够更好地满足用户的具体需求，提升用户满意度和忠诚度。

苏宁易购的"易家"体验店就是一个不错的例子。在这里，消费者不仅可以体验各类家电产品，还能够根据自己的家庭环境和使用需求定制个性化的家电套装。店员会根据消费者的反馈，为他们推荐最合适的产品组合，整个过程犹如一场"定制之旅"。

湖南天地丰农生物科技集团有限公司（以下简称天地丰农集团）成立于2020年8月，总部位于湖南省长沙市，是一家平台化、科技型农牧企业，在全国设有60多家分公司、子公司，是中国预混料行业第一个平台品牌，还是平台共享商业模式的引领者、长沙市饲料行业商会执行理事长单位、生猪技术创新战略联盟副理事长单位、当代生态养殖产业联盟理事长单位。

基于业务模式转型和打造消费新场景的需要,天地丰农集团2024年下半年推出了饲料、动保产品直营店——"天地丰农养殖服务中心",其商业模式从1.0的合资企业模式、2.0的合资分公司模式、3.0的合资子公司模式、4.0的区域合伙人模式,已升级到了5.0的合资直营店模式。天地丰农养殖服务中心具备高颜值、高性价比、高效率等新质营销和新场景营销的要素,既是饲料、动保产品的直营店,也是当代生态养殖产业联盟的区域服务中心,具有很强的市场竞争力。

除了实体店,一些企业也开始在线上提供定制化体验。比如,某知名个人护理品牌推出"肌肤诊断"小程序,消费者只需回答简单的问题,就能得到有针对性的护肤方案。这种"一对一"的定制服务不仅能够增强消费者对品牌好感度,还能够帮助企业更好地了解目标客户群的需求偏好。

(3)沉浸式展览:打破次元壁垒,开启感官盛宴

除了产品试用和定制化体验,企业还可以尝试通过创意十足的沉浸式展览,为消费者营造全新的感官体验。这种方式不仅能够增强品牌的互动性和话题性,还能够让消费者在欣赏的同时,深刻感受到品牌的个性魅力。

沉浸式展览是一种创新的艺术呈现和观众体验形式,它通过综合运用多媒体、互动技术和空间设计,能创造出一个让观众能够完全投入其中的环境。这种展览打破了传统观看模式,不再局限于静态展示,而是通过声、光、电等元素,构建一个多感官参与的场景,使观众感觉自己是展览的一部分,而非旁观者。

比如,某知名手机品牌在线上推出了"5G云端音乐会"。在虚拟演唱会上,消费者可以通过AR技术与在线偶像进行互动交流,仿佛置身于真

实的演唱会现场。与此同时，品牌还为参与者提供了定制的背景音乐和虚拟礼物，让整个体验过程更加沉浸式和个性化。

又如，某知名奶茶品牌在线下开设了"奶茶艺术馆"，通过360度沉浸式展示、虚拟现实等技术手段，让消费者全方位地感受奶茶文化的魅力。消费者在那里不但可以观看奶茶的制作过程，还能体验不同风味奶茶的独特口感。

综上所述，体验场景的适时触发，是品牌提升竞争力的关键。通过产品试用、定制化体验、沉浸式展览等方式，可以为用户打造非凡的消费体验，有助于实现品牌价值的跃升。未来，随着技术的进步和消费需求的不断升级，体验场景的构建将会更加多元化，更具个性化，为用户带来更丰富、更精彩的消费体验。

6. 社交场景：加速口碑传播的新引擎

今天，人们获取信息的渠道越来越多。无论是线上还是线下，消费者都倾向于通过社交平台获取信息、交流观点，并最终作出购买决策。所以，在社交场景中充分挖掘潜力、有效驱动口碑传播，已成为一些企业营销的头等大事。

社交场景，指人们在社会中进行交流、互动的环境和场合。这些场合既可以是实体空间，也可以是虚拟平台。在不同的社交场景中，人们遵循相应的社会规范和行为准则进行各种社交活动,如交谈、聚会、分享信息、协作项目等。

随着互联网和移动通信技术的发展,社交场景的形式也变得更加多样化。除了传统的面对面聚会、会议、宴会等实体社交场景外,社交媒体、在线社区、虚拟现实空间等线上社交场景也成为消费者日常社交的重要组成部分。

社交场景在营销领域尤其重要,品牌和企业通过创造和利用各种社交场景,如线上活动、虚拟体验、线下互动体验等来吸引目标受众,增强品牌影响力,促进产品或服务的销售。可以毫不夸张地说,大的社交场景是品牌故事的"放大镜",也是消费者情感的"催化剂"。

触发什么样的社交场景,才有助于在品牌与消费者之间快速搭建一座互动的桥梁呢?常见的社交场景主要有以下三种:

(1)社群共建:口碑传播的"蓄水池"

社群,作为人们兴趣爱好和价值观相近的集合体,为口碑传播提供了肥沃的土壤。在社群中,人们乐于分享自己的经验和感受,并积极与其他成员互动交流。这种"社群效应"让口碑传播更具针对性,也更容易被群体所接受。

社群共建有三个明显的优点:

第一,精准触达。社群成员往往有着相似的背景、需求和价值观,社群共建可以使信息传递更具针对性,传播效率更高。例如,在一个专注于母婴育儿的社群针对一款新的婴幼儿奶粉进行口碑传播,会比随机投放广告更有效,因为社群成员本身就对相关信息有需求,更容易被吸引和信赖。

第二，共鸣共振。社群成员之间互相了解，更容易产生共鸣，从而加深对信息的认同感。在社群中，人们更容易接受来自熟人的推荐，并将其视为"可信赖的"信息源。

第三，实时反馈。社群平台本身具备强大的互动功能，用户可以自由地评论、点赞、分享品牌，形成良性循环，加速品牌口碑传播。

（2）好友推荐：口碑传播的"加速器"

好友推荐，作为口碑传播中最直接、最有效的形式，一直备受推崇。在社交场景中，朋友、家人之间的信任关系，为口碑传播提供了天然的优势。

举个例子。当你非常信任的一位好友向你极力推荐一家新开的咖啡馆或最近迷恋的一款智能手表时，你往往会倾向于相信他，因为这份推荐，对你来说这不仅是信息的简单传递，也是一份信任的托付。因为你们彼此了解，你深知朋友的品位和判断力，所以你大概率会去尝试和体验。

当然，这种基于亲密关系的推荐，往往伴随着情感的温度。它不仅是一句"你应该试试"，更像是一句"我相信你会喜欢的"。这份信心，源于对彼此喜好的深刻理解，也让推荐变得格外贴心，格外有价值。

要想让用户在他们的社交圈中推荐你的产品或服务，实现口碑传播，商家除了要提供优质的产品和服务，还应适当建立分享平台或奖励机制，或举办一些有趣的活动、竞赛。

（3）联合行动：口碑传播的"放大器"

联合行动，是指品牌与用户、KOL（关键意见领袖）等共同参与的营销活动，能够有效放大口碑传播的效果。在实施联合行动时，商家可以采取诸如KOL背书、合作策划活动、用户互动与参与、内容共创与分享、多平台联动等方法。

以KOL背书为例。与具有大量粉丝和高度影响力的KOL合作，通过他们的推荐和宣传，将产品信息传递给更广泛的受众。KOL的意见和评价往往能够左右粉丝的消费决策，因此，与KOL的合作，是放大口碑效应的关键。在现实中，喜茶就是一个例子。它通过与网红、明星合作，进行产品推广，鼓励用户分享体验，在社交媒体上掀起了一股热潮，迅速提升了品牌知名度。

与传统的口口传播不同，社交场景让品牌传播从单一的"我说你听"转向了多元的"共话共生"，让每一次分享都是一次口碑的接力，每一次互动都是一次信任的累积，从而构建了一个个充满活力的社交生态圈。从这个意义上说，社交场景不但改变了品牌传播的方式，也重塑了品牌与消费者的关系，同时还实现了更精准、更高效、更广泛的品牌传播。

7. 教育场景：让知识赋能社群互动

在信息爆炸式增长的当下，知识不再局限于象牙塔中，只要你愿意学习，可以随时随地获取到你所需要的知识。尤其是互联网的普及和数字化媒体的兴起，使得知识的获取、传播和共享变得前所未有的便捷。

相应地，教育场景也在发生着演变，即从传统的单向灌输模式的教学，逐渐转向更加互动、开放、共享的模式。在这个过程中，社群成为连接知识与个体的重要纽带,而知识的赋能则为社群互动注入了新的活力和意义。

下面,介绍几种新型的教育场景。

(1) 知识分享:打破信息壁垒

社群互动中最基础的要素就是知识的分享。知识的分享可以打破信息壁垒,让每个人都能成为知识的创造者和传播者。这种平等的交流方式,打破了传统教育中教师主导、学生被动的局限,让每个成员都能够在社群中找到自己的位置。

线上读书会就是一种常见的新教育场景。如今,许多线上读书会如雨后春笋般涌现。成员们在社群中分享各自对书籍的理解、感悟,或发出疑问,并进行热烈的讨论。这种互动式的学习方式,不仅能够加深人们对知识的理解,更能启发读书会成员的思考,激发他们的创造力。以前,很多人都是被动的阅读,加入读书会后,就学会了主动思考,并与其他成员交流,这让他们对书籍有了更深刻的理解。

又如,一些知识付费平台为社群知识分享提供了新的渠道。用户可以通过付费的方式获取专业人士的课程和内容。在社群中,用户可以与老师进行互动,提出自己的问题,并与其他学员一起学习和交流。这种模式不仅能够帮助用户获得更优质的知识,更能建立起紧密的学习社区,增强学习的动力和效果。

(2) 话题讨论:在碰撞中产生新见解

除了知识的分享,社群互动还包含丰富的话题讨论。社群中,成员们可以围绕着共同的兴趣点,自由地表达观点、进行辩论,在思想的碰撞中产生新的见解。这种开放式的交流方式,能够提高成员的思考能力,形成批判性思维，促进他们个人的成长。

在线论坛，无疑是话题讨论最为常见的阵地。在这里，成员们可以围绕特定的主题，如科技创新、环境保护、文学艺术、健康生活等，分享各自的见解和经验，提出问题和解决方案。例如，在一个专注于气候变化的论坛中，环保主义者、科学家、政策制定者以及普通公众都可以发表自己的观点，从科学数据、政策分析到个人行动，多角度探讨应对气候变化的策略。在这样的讨论中，成员们不仅能够拓宽视野，了解不同领域的专业知识，还能够在相互思想碰撞中激发出新的解决方案。

除此之外，社交媒体平台、专业社群、在线研讨会等，也都是话题讨论的活跃场所。这些平台提供了更为便捷和广泛的交流渠道，使得话题讨论不再受限于地理和时间，全球各地的成员都可以实时参与到讨论中，形成跨地域、国家文化的交流。

（3）专家工作坊：点燃社群的创新火花

专家工作坊，作为社群互动中的一种高端形式，是社群内部的创新引擎，推动知识与实践的深度融合。这种形式的工作坊，不仅是一次知识的传授，更是一次思维的碰撞与创意的孵化，它让社群成员在理论与实践的交织中学到新知识。

专家工作坊通常由行业内的领军人物或权威专家担任讲师，他们不仅拥有深厚的理论基础，更具备丰富的实践经验。通过精心设计的课程，专家们能够将复杂的理论知识转化为易于理解的概念，结合实际案例，让成员们在轻松愉快的氛围中吸取知识、提升技能。

比如，一些创业工作坊会邀请成功创业者分享创业经验，并帮助学员进行商业计划的制订和项目的落地。通过工作坊的学习和实践，学员能够学到创业的知识和技巧,并与其他学员建立起合作关系,共同实现创业梦想。

综上所述,在场景营销方面,知识赋能社群互动展现出了前所未有的价值,它不仅为商家与消费者之间搭建起了一座信息与情感的桥梁,更成为推动品牌成长、深化品牌与用户关系的关键力量。通过知识分享、话题讨论、专家工作坊等一系列互动形式,企业能够精准触达目标用户,激发他们的内在需求,促进品牌认知与忠诚度的双重提升。

8. 娱乐场景:融合趣味与价值的体验策略

现在,人们对于娱乐的追求早已不是简单的消遣,而是试图寻找那些能够触动心灵深处,既有趣又能带来深刻体验的时刻。正是在这样的背景下,设定、触发能让用户尖叫的娱乐场景成为一种营销时尚。

从场景营销的角度来看,娱乐场景是指在特定的环境下,通过精心设计的活动、体验、互动或表演,为参与者提供一种集趣味性、娱乐性和价值感于一体的沉浸式体验。这种场景可以是实体空间,如主题公园、音乐会、电影院、互动展览等,也可以是虚拟空间,如在线游戏、虚拟现实体验、网络直播等。

触发娱乐场景的目的是吸引观众的注意力,为他们提供一种超越日常生活的体验,让他们在享受乐趣的同时,也能从中获得某种形式的价值,如知识、情感共鸣、社交互动等，从而留住观众。

比如，一个以环保为主题的互动展览，通过虚拟现实技术让参观者亲身体验到森林砍伐的后果，不仅为他们提供了娱乐，也传递了环保重要性的理念；一个音乐节现场，不仅有精彩的演出，还有各种摊位和活动，让观众在享受音乐的同时，也能体验到当地的美食、文化和艺术，从而增加了活动的丰富性和深度。

娱乐场景是否能触动人心，关键在于它能否巧妙地融合趣味性与价值感，为参与者提供一种独特的体验，使人们在享受娱乐的同时，也能学到知识，有所感悟，从而在情感和认知上产生深刻的影响。

在新场景营销方面，能代表当下流行趋势且融合趣味性与价值感的娱乐营销体验主要有以下几种：

（1）互动游戏：玩转品牌，创造共鸣

互动游戏作为娱乐营销的重要形式，不仅能够吸引消费者参与，更能有效提升品牌认知度和用户黏性。例如，宝马在电影《速度与激情7》中推出了"宝马追车游戏"，玩家需要驾驶宝马汽车完成任务，并与其他玩家竞速。游戏将宝马的性能、操控性以及品牌精神巧妙地融入游戏体验中，让玩家在体验乐趣的同时，潜移默化地对宝马品牌产生好感。

在互动游戏中，游戏化营销是主流。其核心在于将品牌信息融入游戏玩法、场景设计、角色设定等各个环节中，让消费者在玩游戏的过程中自然而然地接触到品牌的信息。例如，耐克曾推出的"耐克+训练营"App，将运动训练与游戏化元素相结合，鼓励用户完成训练任务，并为用户提供奖励，使他们产生成就感。通过将品牌与用户的运动目标和生活方式深度融合，耐克成功地提升了用户参与度和品牌忠诚度。

除此之外,直播互动也是近年来娱乐营销的热门趋势。它可以为消费者提供更直接、更真实的互动体验。例如,美宝莲在抖音平台上推出"美宝莲美妆挑战赛",邀请用户参与直播互动,分享美妆技巧并进行产品测评。这种实时互动的方式不仅能够提升用户参与度,还能帮助美宝莲收集用户反馈信息,为产品研发提供宝贵意见。

(2)艺术欣赏:传递文化,提升品牌格调

艺术欣赏是一种独特的娱乐营销方式,它能够将品牌与艺术文化相结合,传递品牌理念和价值主张,提升品牌格调和文化内涵。宝马曾举办"宝马艺术之旅",邀请消费者参观世界著名博物馆,并体验宝马汽车的文化内涵。这种文化体验不仅能够提升品牌形象,还能拉近品牌与消费者的距离,建立相互的情感连接。

整体而言,艺术欣赏包括艺术跨界与文化体验。艺术跨界是指将品牌与艺术创作相结合,将品牌理念融入艺术作品中,并通过艺术的形式进行传播。例如,耐克曾与艺术家合作,将耐克的运动精神融入雕塑、绘画等艺术作品中,并通过艺术展览和文化活动进行推广。这种跨界合作不仅能够吸引消费者的关注,还能提升品牌文化内涵和艺术品位。

文化体验则是指为消费者提供沉浸式的艺术体验,让消费者在体验艺术的同时,感受到品牌的文化内涵和价值理念。例如,Gucci曾举办"Gucci花园奇境展",将品牌元素融入展览设计中,为消费者打造一个充满奇幻和艺术感的沉浸式体验空间。这种文化体验不仅能够提升品牌形象,还能为消费者带来独特的记忆和情感体验。

(3)自己动手做(DIY)体验:亲身参与,提升成就感

DIY体验是指鼓励消费者参与到产品制作或服务体验中,通过亲手参

与的方式，提升消费者的参与感和成就感。同时，DIY体验可以极大地满足消费者的个性化、定制化需求。

例如，电脑公司可以开放DIY体验，让消费者根据自己的需求和喜好选择不同的配置，组装属于自己的电脑。这种DIY体验不仅能够增强消费者的参与度，还能为消费者提供更加个性化的产品和服务。

又如，一些服装品牌提供的定制服装服务。在此情况下，消费者可以根据自己的尺寸、颜色和款式进行定制，打造独一无二的服装。这种定制化服务不仅能够满足消费者的个性化需求，还能提升消费者的品牌忠诚度。

在DIY体验的过程中，还可以鼓励消费者参与到产品设计或服务体验中，发挥他们的创意和想象力，创造独特的体验。例如，许多手机品牌推出手机壳的定制服务，消费者可以上传自己的照片或图案，设计个性化的手机壳。这种创意体验不仅能够增强消费者的参与度，还能使产品具有个性化和趣味性。

娱乐营销的本质在于创造消费者喜爱的体验场景，将品牌信息自然地融入娱乐内容中，并与消费者建立情感连接。通过互动游戏、影视植入、艺术欣赏和DIY体验等多种营销策略，品牌能够打造让用户更有参与感和体验感的营销方式，提升品牌认知度和用户黏性，最终实现品牌与消费者的深度互动。

9. 故事场景：增强品牌的说服力与吸引力

一个好的品牌，不仅能为用户提供产品或服务，还会讲述一个扣人心弦、引人入胜的故事。品牌可以通过拍摄一段段动人的广告短片，或是一场场精心策划的品牌活动，或是在社交媒体上与消费者共同进行故事创作接力等，让品牌的历史、理念、文化生动、鲜活地展现在消费者面前。在故事的引领下，消费者不再只是被动的接收者，而是成了故事的参与者，甚至是创作者。

在营销领域，做到让企业与品牌的故事深入人心，让用户不仅愿意聆听，更能够产生共鸣，关键在于精妙地触发故事场景。故事场景，是指通过构建一个引人入胜的故事框架，将品牌、产品或服务融入其中，以此来吸引目标受众的注意力，激发他们的情感共鸣，达到促进销售转化、提升品牌认知度、增强用户黏性的目的。

在触发故事场景时，需要把握好以下四个关键步骤：

（1）选择合适的主题

一个好的故事，必须拥有一个能够引起共鸣的主题。这个主题应该与品牌的核心价值观和目标受众的兴趣点相契合，做到真正打动人心。

好的主题应该具备以下几个特征：

第一，与品牌价值观高度契合。主题应当直接反映或强化品牌的使命、愿景和核心价值观。它不仅是故事的线索，更是品牌精神的载体，能够让消费者在故事中感受到品牌的个性和态度。

第二，能触动消费者的情感。故事的主题需要触及消费者的情感痛点，唤起他们的共鸣。无论是喜悦、感动、怀旧、激励还是惊喜，都能增强消费者对品牌的记忆度和好感度。例如，苹果的"Think Different"广告，通过致敬历史上那些"不同凡响"的人物，激发了观众对创新和突破常规的向往，与苹果的品牌定位不谋而合。

第三，具有普遍性与时代感。故事主题应跨越文化和地域界限，触及人类共同的情感和经历。同时，它也应该与当前的社会趋势、文化现象或流行话题相呼应，使故事更具时代感和相关性。

第四，具有创新和独特性。要想让品牌故事在众多的营销故事中脱颖而出，就需要有一个新颖而独特的主题，避免落入俗套。通过挖掘品牌独有的故事资源，或以新视角解读老主题，均可以创作出一种令人耳目一新的故事体验，增强品牌的辨识度。

（2）挖掘真实的故事元素

一个真实的故事，更容易打动人心。品牌可以通过挖掘自身的历史、文化、产品故事，以及与客户之间的互动，找到真实、感人的故事元素。

如何挖掘真实的故事元素呢？常见的策略有以下几个：

第一，回顾品牌历史。每个品牌都有自己的起源故事，可以编写成故事。这可能是创始人的一次灵感闪现，或是对某个问题的独特解决方案。探索品牌的历史，可以发现那些充满激情、创新和突破艰难万险的企业成长故事，这些故事中往往蕴含着品牌的核心价值和精神。

第二，聚焦产品背后的故事。讲述产品从概念到现实的过程，包括设计灵感、技术突破和用户体验，可以让消费者对产品产生更深的情感连接。

第三，记录社会影响。如果品牌在社会责任、环保或慈善方面有所作为，这些正面的社会影响就是极好的故事素材。讲述品牌如何为社会作出贡献，如何帮助解决某些社会问题，可以塑造品牌的正面形象，增强公众对品牌的好感度。

除此之外，还可以收集一些客户的故事，展现公司内部的核心价值观、企业信念和行为准则等品牌文化要素。总之，挖掘真实故事元素，有助于构建起一个更加立体、有血有肉的品牌形象。

（3）构建有趣的故事情节

构建有趣的故事情节是故事场景设计的第三步。一个有趣的故事情节可以让品牌故事更加具有吸引力和感染力。故事的情节应具有层次感、悬念感和反转意味，引人入胜，激发消费者的情感共鸣。

在层次感方面，故事情节要有起承转合，从一个引人入胜的开头开始，逐渐展开情节，慢慢深入，直至高潮迭起，最后，以一个令人满意的结局结束。

在悬念感方面，在故事情节中巧妙地设置悬念，可以让观众对品牌保持高度的关注和期待，想知道接下来会发生什么。例如，在苹果公司的产品发布会中，CEO 蒂姆·库克常常会在介绍新产品之前留下悬念，如"我们还有另外一件事情要宣布"，这样的手法有效地吸引了全球媒体和消费者的注意。

另外，出乎意料的情节转折可以使故事更加扣人心弦，给观众带来惊喜。故事情节反转不仅可以增加故事的趣味性，还可以深化主题，引发观众进行更深层次的思考。

总之，一个故事要想吸引人，离不开巧妙的情节设置，好的故事情节能够穿透杂音，直击人心，成为品牌与消费者之间最牢固的纽带。

（4）让用户真切地感知品牌故事

让用户真切地感知品牌故事是故事场景设计的最后一步。品牌故事的呈现方式和渠道选择非常重要，品牌需要选择合适的渠道和方式，让用户真切地感知品牌故事。

例如，红牛的Stratos系列广告，就是一个成功的品牌故事呈现案例。它讲述了奥地利跳伞运动员菲利克斯·鲍姆加特纳从近太空边缘跳伞的故事。故事中的菲利克斯·鲍姆加特纳这一跳，不仅打破了多项世界纪录，还创造了惊人的视觉奇观。红牛通过直播他的这一壮举，成功地将其品牌与极限运动、创新和勇气等价值观紧密联系在一起，激发和引发了全球观众的激情与惊叹。

又如，迪士尼乐园就是沉浸式体验的典范，它不仅是一个游乐园，更是一个将故事融入每个细节的魔法世界。游客在探索游乐园的同时，也在体验着迪士尼经典故事的魔力，这种体验是无法通过屏幕完全复制的。

可见，优秀的品牌不仅能够讲述一个引人入胜的故事，还能让用户在故事中找到自己的影子，成为故事的一部分，从而与品牌建立起深层次的情感连接。这种连接超越了单纯的商品交易，能够转化为一种文化认同和生活方式的选择，有助于品牌长期发展和用户忠诚度的提升。

总之，故事场景在品牌沟通中扮演着至关重要的角色，它不仅是品牌与消费者心灵对话的窗口，更是一座跨越现实与理想的桥梁。一个精心编织的故事场景，就像一束光，能穿透喧嚣，照亮消费者的心灵，引领他们走进品牌世界，并让品牌成为他们生活的一部分。

10. 情感连接场景：深化品牌忠诚度的互动实践

深化品牌的忠诚度，培养消费者与品牌之间的情感联系，是当下品牌营销的重点。随着消费者需求的日益多元化，仅凭优质的产品或服务已无法完全满足消费者的情感诉求，企业必须主动构建与消费者之间的情感连接，并在此基础上不断打造新的情感连接场景。

情感连接场景，指在营销和品牌沟通中，通过特定的情境设计，促使消费者与品牌之间产生深刻情感共鸣的过程或环境。它通常包含以下三个关键要素：

第一，情感触发点。情感连接场景的核心在于触发消费者的情感反应。这可能是喜悦、感动、怀旧、好奇、惊喜，也可能是其他任何能够触动人心的情绪。品牌通过故事讲述、视觉呈现、音乐、语言等手段，精心设计情感触发点，使消费者能在特定情境下产生强烈的情感共鸣。

第二，个人化与相关性。为了增强情感连接的效果，品牌需要确保场景与目标受众的个人经历、价值观、兴趣爱好等相关。这种个人化的联系能够使消费者觉得品牌理解他们、关心他们，从而与品牌建立起更为紧密的情感纽带。

第三，互动与参与。情感连接场景鼓励消费者主动参与其中，无论是通过社交媒体的互动、线下活动的参与，还是个性化的内容体验，都鼓励消费者参与。这种参与感能够加深消费者对品牌的情感投入，使他们成为品牌故事的一部分，而非单纯的旁观者。

情感连接场景的成功打造，能够使品牌在消费者心中占据独特的位置，可以不仅提升品牌的吸引力和忠诚度，还能够促进口碑传播。下面，介绍三种常见的情感连接场景。

（1）公益营销

公益营销，顾名思义，是以公益事业为平台，将品牌理念融入其中，实现企业社会责任与品牌价值的双重提升。当品牌与消费者共同参与到一项有意义的公益活动中时，情感共鸣便自然而然地产生了。

支付宝"蚂蚁森林"通过"种树"的方式，将公益行动与日常生活紧密结合。用户通过日常行为积累"能量"，最终用于在沙漠地区种植树木。这一活动不仅能让用户在日常生活中践行环保理念，更让他们切实感受到自己参与公益的成就感。支付宝将用户对绿色环保的关注与品牌的公益形象紧密相连，大大提升了用户对平台的黏性，也增强了用户对支付宝的信任和忠诚度。

（2）节日庆典

节日庆典是利用特定节庆日的情感氛围和文化意义与消费者产生情感共鸣的营销手段。品牌会在春节、中秋节、圣诞节、情人节、母亲节"五一""十一"等重要节庆日设计相应的营销活动，如情感广告、节日限定产品、促销优惠、线上线下主题活动等。这些活动往往围绕着节庆日的主题和情感诉求——如家庭团聚、爱情、感恩等展开，目的是激发消费者的情感，增强对品牌的好感度。

迪士尼每年都会举办"奇妙之旅"主题活动，将主题乐园打造成梦幻般的童话世界，并推出丰富多彩的节日活动，如烟火表演、游行表演等。这些活动不仅能让游客沉浸在欢乐的节日氛围中，更能让他们体验到迪士尼独特的文化和魅力，增强对迪士尼品牌的热爱和忠诚度。

（3）怀旧复古

怀旧复古是一种能够引发消费者情感共鸣的场景。通过唤起人们对过去美好时光的回忆，品牌可以与消费者建立深厚的情感连接。例如，在品牌广告中使用复古元素、经典歌曲或老电影片段等手法，可以迅速引起消费者的怀旧情感。这种怀旧复古的营销方式不仅能够让消费者感受到品牌的温暖和亲切感，还能增强消费者对品牌的忠诚度和归属感。

例如，可口可乐曾推出过一系列复古风格的包装设计，如复刻19世纪末20世纪初的经典瓶身形状，以及使用复古字体和图案。这种设计不仅让人想起可口可乐悠久的历史，也勾起了许多人对童年或青年时期美好时光的怀念。

又如，在特定节日，如圣诞节，可口可乐会推出特别包装，通常采用复古的圣诞主题设计，如经典的圣诞老人形象（其实这个形象最早是由可口可乐公司在20世纪初推广的）。这样的包装设计不仅增加了节日气氛，也让人回想起与家人共度佳节的温馨时光。

利用怀旧复古的情感连接场景，不仅可以强化品牌形象，还能深化消费者对品牌的感情纽带。这种营销方式可以有效地唤醒消费者内心深处的情感记忆，使品牌不仅是一种商品，更成为一种承载个人历史和集体记忆的文化符号。

上述三种情感连接场景都是通过触动消费者的心灵，让他们与品牌之间建立起超越交易的情感联系来达到更深层次的营销目的。

第五章
场景创新：解锁新场景，拓展商业边界

　　场景创新这一概念的核心在于解锁新的商业场景，它要求企业跳出传统思维框架，探索和创造与消费者互动的新模式。这不仅是物理空间的转变，更是商业模式、用户体验乃至企业文化的一次深刻变革。

1. 数字转型：提升用户参与度和品牌黏性

如今，数字转型已不再是一个可选项，而是决定企业生死存亡的关键战略。在这场转型大潮中，营销场景的创新成为提升用户参与度和增强品牌黏性的重要引擎。

传统营销往往遵循"推"的逻辑，即企业单向地将信息推送给消费者。而在数字转型过程中，这一模式正在被"拉"的逻辑所取代。这一模式主要是创造吸引用户的场景，让用户主动寻求与品牌的互动。这种转变要求企业深入理解用户的生活习惯、兴趣偏好，并在恰当的时间和地点以创意的方式出现。

所以，数字转型并非仅仅是将传统营销手段搬到线上，更重要的是利用数字化技术重构营销场景，实现从"以产品为中心"向"以用户为中心"的转变。即数字化转型强调场景化营销，将营销信息融入用户日常生活中，并与用户互动，提升用户参与度。

例如，某社交平台推出了"AR红包"功能，用户可以通过手机摄像头扫描现实场景中的指定区域获取红包。这种AR红包的玩法，将红包与现实场景结合，不仅提高了用户参与度，也增强了用户对平台的黏性。

又如，某知名电商平台通过数据分析发现，喜欢购买运动鞋的用户，也往往对运动服饰、运动装备感兴趣。因此，该平台在用户购买运动鞋后，会向他们推荐相关的运动服饰和装备，提高用户购买转化率。

数字时代的海量数据，为精准营销提供了无限可能。通过数据分析，企业可以深入了解用户的行为习惯、消费偏好、兴趣爱好等，并根据这些数据对用户进行精准画像，将营销信息精准投放到目标用户群体。

未来，数字转型为营销场景创新提供了无限可能，我们可以从以下几个方面去审视这一现象。

（1）场景洞察

在数字转型的大潮中，场景洞察成为营销创新的核心驱动力。通过深度挖掘用户数据（包括历史交易记录、浏览习惯、社交媒体互动等多维度信息），企业能够精准细致入微地为用户画像。企业的洞察力不再局限于表面的行为模式，而深入用户的心理动机和潜在需求上，能够帮助企业识别那些未被满足的空白点。

以电商行业为例，系统通过算法分析用户的历史购物行为和浏览轨迹，预测出用户的兴趣所在，然后据此推送个性化的商品推荐和定制化优惠券。这种精准营销策略不仅提升了用户的转化率，还增强了用户对品牌的信任感和忠诚度。

（2）体验设计

随着新的科学技术的发展，体验设计已经成为营销活动中不可或缺的一环。利用AR、VR等前沿技术，品牌能够创造出令人震撼的沉浸式体验，让用户如同亲临现场般感受产品的魅力，极大地提高了用户参与度和品牌记忆力。

例如，在时尚零售领域，虚拟试衣间正逐渐成为一种趋势。借助AR

技术，消费者无须实体试穿就可以在屏幕上看到自己穿着心仪衣物的样子，甚至可以调整不同的颜色、款式，直观地比较效果。这种虚拟体验不仅节省了时间和精力，还消除了线下试衣的不便，极大地提高了购物效率。更重要的是，虚拟体验创造了一种全新的互动方式，让消费者在享受便捷服务的同时，也加深了对品牌的印象和情感连接。

（3）渠道整合

想象这样一幅场景：你在微信小程序上被一款潮流服饰吸引，轻点屏幕，即可预约最近的线下门店试穿。到达店铺后，店员通过扫描你的小程序二维码，快速了解你的偏好和尺码，为你准备好一系列精选单品。你试穿满意后，还能享受线上支付所带来的便捷。整个过程，线上线下相互赋能，既提升了购物效率，又保留了实体体验的乐趣，实现了用户体验的双重升级。

过去，线上与线下如同平行线，是在两条轨道上行驶的火车，各自行进却从不交集；如今，线上、线下两者之间的界限正逐渐模糊，并形成了一个有机整体，共同服务于消费者全方位的需求。企业通过打通小程序、公众号等线上触点，与线下实体店无缝对接，构建起一条从"发现"到"体验"再到"购买"的全链路闭环。

（4）内容营销

在数字化时代，用户对信息的获取方式发生了根本变化，他们不再被动接收信息，而是主动选择自己想要的信息。因此，企业需要通过优质的内容，吸引用户关注，构建与用户的情感连接。

某知名茶叶品牌，不止销售茶叶，更致力于传播茶文化。它们定期发布一系列短片，讲述全国各地茶叶的种植过程，以及每杯茶背后的人文故事。这些内容不仅传递了品牌的价值观,也让消费者在忙碌的生活中感到了一丝慰藉,加深了品牌与用户之间的情感纽带。这种"内容先行"的策略,成功地将品牌植入用户的生活方式中,成为他们日常生活的一部分。

(5)数据驱动策略

数字化思维的核心在于理解和运用数据驱动决策的能力。这意味着,从市场分析、产品开发到客户服务,每个环节都需要基于数据洞察来优化。例如,营销团队可以利用大数据分析,精准定位目标受众,制订更具针对性的推广计划;生产部门则可以通过物联网技术监控设备状态,提前预警维护需求,避免生产线中断。这种思维方式的转变,使企业决策过程更加科学、高效,也促进了企业跨部门间的协作与沟通。

也就是说,要建立一个数字生态系统,离不开每位员工的努力——从高层领导到基层员工,每个人都应该参与到数字转型过程中。企业可以通过定期讲授培训课程、设立创新实验室、设立奖励基金等方式,激发员工的创新热情,鼓励他们在日常工作中寻找数字化改进的机会。只有当数字化成为企业文化的一部分时,才能真正实现企业全链条的优化升级,构建起稳固的数字生态系统。

数字转型下的营销场景创新是一个持续探索和迭代的过程,需要品牌转变思维,并不断学习和实践。如此,才能最终创造出一个消费者愿意主动参与、乐于分享的品牌生态,实现企业的可持续发展与转型升级。

2. 场景跨界：破圈营销，实现"1+1＞2"

在这个注意力稀缺的时代，营销早已不再局限于单一的渠道或模式，而是向着多元化的场景跨界发展，寻求突破固有圈子，实现品牌价值的最大化。如何突破固有框架，实现营销的"破圈"效应？"场景跨界"是一把破圈营销的利器，可以打破传统营销边界，将不同场景融合，创造出"1+1＞2"的营销效果。

场景跨界，是指将不同的场景、行业、品牌，甚至将不同的文化元素进行巧妙融合，打破原有的界限，创造全新的消费体验。场景跨界不仅能够吸引更广泛的受众群体，还能激发消费者的兴趣与好奇心，提升品牌的曝光度和影响力，实现跨领域共赢。

通过场景跨界，可以打破营销壁垒，将品牌带入新的圈层，接触更多的目标用户，进而扩大品牌影响力。

近年来，涌现出许多场景跨界营销的成功案例。这些案例不仅展现了场景跨界的力量，更指明了未来营销发展的方向。

例如，某电商平台将平台产品与热门综艺节目进行跨界融合，将平台商品融入节目内容，提高了平台曝光率，吸引了大量新用户。

电商平台与热门综艺节目的跨界融合，不仅巧妙地扩大了品牌影响力,还成功吸引了目标消费群体的注意力,实现了流量的有效转化。类似的案例还有许多,这些案例生动地展示了场景创新在数字转型中的巨大潜力。

那么,对于其他渴望通过跨界达到破圈营销的企业而言该如何进行场景跨界呢?

(1)深入了解你的目标受众

传统的营销模式往往局限于产品本身,而场景跨界则将品牌与用户生活场景进行连结,将产品与场景需求进行深度融合,核心在于洞察用户需求,并将其与品牌价值进行深度融合。例如,某运动品牌与户外旅行平台合作,在热门景区打造了一系列沉浸式体验活动,用户既可以通过参与活动获得品牌优惠券,也能体验品牌所倡导的运动精神和户外生活方式。这种场景化营销不仅提高了用户参与度,也强化了品牌在用户心中的形象。

(2)创造差异化体验

品牌需要不断突破才能在消费者心中留下深刻的印象。场景跨界能够为用户创造独特的体验,将品牌与场景的记忆进行深度绑定,提升用户对品牌的认知和记忆度。例如,某快消品品牌将产品与音乐节场景进行跨界,为用户打造了"音乐+美食"的沉浸式体验,将品牌与音乐、青春、活力等元素紧密联系在一起,提高了用户的品牌记忆度。

(3)从"流量"到"留量"

新场景营销的价值不仅在于吸引用户,更重要的是将用户转化为品牌忠实的拥护者。通过打造场景化的营销体验,企业可以有效地增强用户黏性,建立长期的消费关系。

新场景营销并非仅仅为了获取短期流量,而是要创造价值,增强用户黏性。例如，某饮料品牌与线上音乐平台合作，在线上举办了一系列音乐演出活动，用户可以在享受音乐的同时品尝该公司的一系列饮品，这种场景化体验不仅提升了用户的参与度，也为品牌创造了新的价值，促进了用户对品牌的长期关注。

（4）构建多平台联动

场景跨界需要结合不同的平台进行推广，才能全方位触达目标用户。因此，构建多平台联动机制是场景跨界营销的关键一环。以线下场景与线上平台的联动为例，企业可以在线下打造独特的体验场景，如搞快闪店、主题展览或互动活动等，吸引消费者的关注和参与。同时，通过线上平台进行用户引导，如进行社交媒体宣传、官方网站推广等，将线下体验的热情和关注度转化为线上流量。

这种联动机制的优势在于，它打破了线上线下的界限，让消费者在任何环节都能接触到品牌信息，从而提高品牌的曝光度和影响力。同时，通过线上线下的相互配合，企业可以更加精准地定位目标用户，提供个性化的产品和服务，达到提升用户忠诚度和满意度的目的。

（5）持续优化迭代

场景跨界并非一个孤立或一次性的活动，而是一个持续发展与进化的过程。随着市场的风云变幻以及消费者需求的不断演进，企业必须时刻保持敏锐的市场触觉，不断对已有的跨界场景进行优化和迭代。

为此，企业需要建立一个开放的用户反馈渠道，鼓励消费者分享他们的使用体验，提出改进建议。这不仅可以帮助企业及时发现场景中存在的问题，还能增强用户的参与感和忠诚度。定期举办用户研讨会或在线调查，收集第一手的用户意见，是品牌获取真实反馈的有效方式。

同时，要鼓励企业内部进行小规模的实验和测试，对场景的不同版本进行 A/B 测试，以数据结果来验证假设。这种"快速失败，快速学习"的方式，可以降低大范围推广的风险，同时加快创新的速度。

另外，要制定一份既有远见又可执行的迭代线路图，确保每个阶段都有明确的目标和可衡量的成果。通过将长期目标分解为一系列的短期里程碑，企业可以逐步推进场景的优化，同时保持团队的动力和专注力。

场景跨界是破圈营销的关键策略，它能够突破传统营销的局限性，创造出全新的营销体验。但场景跨界需要深入洞察用户需求，进行精准的场景设计和差异化体验打造，并结合多平台联动和持续优化迭代，才能真正达到"破圈"效果，为品牌带来长期的价值增长。

3. 多元场景：全方位营销，让品牌影响力最大化

随着移动互联网、社交媒体和大数据的普及，营销场景不再受限于物理空间，而是延伸到了线上与线下的每一个角落。品牌需要在不同的场景中与消费者建立深度互动关系，从而形成全方位的营销网络。这不仅要求品牌具备敏锐的洞察力，捕捉消费者在不同场景下的需求变化，还要求企业具备创新思维，将品牌信息以最恰当的方式融入这些场景中。也就是说，企业在进行场景营销时，必须具备多元营销思维。

多元场景，是当前营销领域的一大热点。它的核心理念在于：通过构

建丰富多样的接触点，与消费者在不同情境下进行深度互动，达到提高品牌知名度、增强用户黏性、促进销售转化、提高销量和利润的目的。

例如，腾讯旗下的热门游戏《王者荣耀》不仅是一款游戏，更是一个庞大的社交和娱乐生态。通过举办各类电竞比赛，腾讯成功将游戏场景扩展至线下，吸引了大量的玩家和观众参与。此外，腾讯还与多个品牌进行跨界合作（如与麦当劳合作推出的联名套餐），进一步扩大了品牌影响力。这种多元场景的营销策略，不仅加深了用户对品牌的认知，也促进了品牌与用户之间的情感连接。

又如，Nike也实施了非常成功的多元场景营销策略。Nike通过社交媒体、搜索引擎优化、内容营销等多种营销渠道，构建了一个全方位的营销系统，满足了消费者的多样化需求，提高了品牌的影响力和知名度。

Nike的营销策略包括三个主要部分：第一，社交媒体营销。通过社交媒体平台，Nike发布了一系列的广告信息，展示了自己的品牌形象和发展理念。第二，搜索引擎优化。Nike优化了它的官网，使其在搜索引擎的排名前列，提高品牌的知名度和影响力。第三，内容营销。Nike推出了多种内容，包括视频、图片、文章等，展示了品牌的价值观念和发展理念。

通过这三个营销渠道，Nike成功地提高了品牌的影响力和知名度，并满足了消费者的多样化需求。Nike的多元场景营销策略是一个非常成功的案例，展示了这种策略的巨大价值。

那么，如何通过多元场景营销策略让品牌影响力最大化呢？

（1）学会为消费者画像

品牌应运用先进的数据分析工具，如CRM系统、大数据平台，对消费者的购买历史、浏览记录、社交媒体行为等数据进行深度挖掘，构建全面的消费者画像。这不仅包括人口统计学特征，更应涵盖心理特征、兴趣偏好、价值观等深层次信息。

接下来，企业通过机器学习算法，识别消费者在不同场景下的行为模式，如工作日与周末的购物差异、特定事件（如节日、促销）前后的消费变化等。这些洞察有助于品牌精准预测消费者需求，适时推送相关信息。

（2）精准选择营销渠道

基于消费者画像和行为模式，品牌应构建一个全渠道营销矩阵，包括但不限于社交媒体、电子邮件、短信、App 推送、线下体验店等。每个渠道都有独特的触达优势和局限性，综合利用这些渠道可以覆盖更广泛的消费者群体。

针对不同渠道的特点，实施定制化内容策略，确保信息的准确传达。例如，社交媒体上的内容可能更加轻松活泼，而电子邮件则可能更侧重于提供深度资讯或优惠信息。

（3）维护品牌一致性

在所有营销渠道中，保持一致的品牌故事和视觉风格至关重要。无论是语言表达还是视觉元素，都应体现品牌的核心价值和个性，避免因信息混乱而导致消费者困惑。为此，最好建立跨渠道协同机制，确保信息传递的连贯性和时效性。例如，一个消费者在社交媒体上表达了对某产品的兴趣后，品牌可以通过邮件或 App 推送相关优惠活动，进一步促成消费者的购买行为。

（4）动态调整、优化

品牌营销策略的成功与否往往取决于其灵活性和反应速度。为了实现这一目标，品牌需要构建一个敏捷的营销体系。这个体系能够在收集到的实时数据和用户反馈的基础上迅速做出调整，优化营销活动的各个方面。

为此，可以利用 A/B 测试、用户反馈、实时数据分析等手段，持续监测营销活动的效果，快速响应市场变化，动态调整策略。这包括优化渠道组合、调整内容策略、改进用户体验等。

其中，A/B 测试是一种非常有效的工具，它允许品牌同时测试两个或多个版本的营销素材，以确定哪个版本在特定目标（如点击率、转化率）上表现得更好。通过定期进行 A/B 测试，品牌可以不断优化广告文案、设计布局、产品展示方式等，以确保每一次营销活动都能达到最佳效果。

现如今的营销已不再局限于单一的渠道或平面的触点，而是向着多元化、立体化的场景营销演进。品牌与消费者之间的每一次交互，都可能成为下一个场景创新的机会，这些场景交织成一张无边界的网络，将品牌影响力延伸至前所未有的广度与深度。在未来的营销场合中，谁能率先构建起多元、立体的场景网络，谁就能把握市场先机，引领行业潮流。

4. 创意融合：全面融合新技术、新渠道、新打法

新技术、新渠道、新打法的不断涌现，为企业的市场营销带来了前所未有的变革。如何将这些元素进行有效整合，创造出颠覆性的营销模式，成为提升企业市场竞争力的关键。

传统营销模式往往注重单一渠道的推广，忽略了用户在不同场景下的

真实需求。而新场景营销则打破了这种局限，将新技术、新渠道、新打法融会贯通，真正满足消费者的多重诉求，实现持续有效的营销突破。

（1）技术赋能：重塑新营销场景

新技术的涌现，为营销场景创新提供了无限可能。从人工智能到区块链，从虚拟现实到增强现实，这些技术正在颠覆人们的认知，也为营销赋予了新的力量。

首先，人工智能助力精准营销。利用机器学习、深度学习等技术，分析用户行为数据，洞察用户需求，实现个性化推荐和精准广告投放，可以提高营销效率和转化率。

其次，虚拟现实技术打造沉浸式体验。虚拟现实技术可以将用户带入虚拟世界，为他们提供身临其境的体验。例如，房地产行业利用 VR 技术，让用户体验样板间，可以提升他们的购买意愿；汽车行业利用 VR 技术，可以让用户模拟驾驶体验，增强用户对产品的认知。

最后，增强现实技术赋能互动营销。增强现实技术将虚拟信息叠加到现实世界中，可以为用户提供更具互动性的体验。

（2）渠道融合：突破传统营销思维

在数字技术的推动下，营销的边界正被重新定义，企业不再受单一渠道的传播限制，而是积极探索线上线下融合、跨界合作、私域流量运营等全新模式，构建起一个多维、立体的营销网络。

线上平台作为数字时代的营销重地，不仅承担着品牌宣传、产品推广的重任，更是用户互动与数据收集的宝库。而线下活动，则以其独特的沉浸式体验，成为品牌与消费者建立情感连接的桥梁。两者相辅相成，线上平台通过内容营销、社交媒体活动，为线下活动预热，吸引用户参与；线下活动则先通过现场互动、产品体验,加深用户印象,再通过扫码关注、注册会员等方式,将用户引导回线上,完成营销闭环。

另外,在公域流量成本日益攀升的当下,私域流量运营成为企业构建用户忠诚度、提升复购率的关键策略。通过微信公众号、小程序、品牌App等渠道,企业能够直接触达用户,为用户提供个性化服务,收集用户反馈,形成良性互动。例如,一个美妆品牌通过微信公众号定期发布护肤知识、新品预告,吸引用户订阅,再通过一对一咨询、会员专享福利等服务,增强用户黏性,将订阅者转化为忠实的消费者。这种精细化的用户运营,不仅提高了用户满意度,还为企业积累了宝贵的用户数据,为后续的产品迭代和制定新的营销策略提供了决策支持。

(3)打法创新:打造差异化营销

在创意融合的时代,传统营销手段如同旧时代的骑士,已难以在现代战争的战场上驰骋。面对瞬息万变的市场环境,企业必须转变思维,以用户需求为核心,探索营销模式的革新之路,构建独特的差异化营销策略。

要实施该策略,除了要进行用户洞察,分析场景与消费者需求的匹配度,还要设计切实可行的独特的营销策略,包括定制化的广告内容、促销活动、产品展示方式等。然后,根据目标消费者群体的媒体使用习惯,选择最有效的营销渠道。如果目标群体主要是移动设备用户,那么移动广告、社交媒体和应用程序内的广告,可能是有效的渠道。在实施过程中,要定期评估营销策略的有效性,包括销售额、市场份额、消费者满意度等指标。

创意融合是当前营销创新的必由之路。只有充分发挥新技术、新渠道、新打法的协同效应,企业才能在瞬息万变的市场环境中占据先机,持续满足消费者的多元化需求。

5. 空间重构：重新定义和设计空间

曾经被视为单纯的商品展示和交易场所，如今正逐渐演变成体验、社交、互动、情感共鸣的载体。这些商业空间不再仅仅是物质的物理结构，而更像是一个具有生命力的"场域"，能够承载着品牌的价值观、文化内涵，并与消费者产生深层次的连接。

也就是说，商业的边界正被前所未有的创新力量重塑。未来的零售店将不再只是买卖商品的地方，而是成为体验中心，顾客在这里可以亲手制作自己的产品，或参与一场虚拟现实的冒险之旅；餐厅不再只是享用美食的空间，更成为艺术展览的舞台，让食客在品味佳肴的同时，享受视觉与味觉的双重盛宴。

可以预见，未来的商业空间将是一个融合了物理、数字与情感的复合体验场。对营销者来说，这不仅意味着场景的创新，也意味着商业空间的重构。

商业空间重构的本质，在于通过重新定义和设计商业空间，创造出能够引发用户情感共鸣，并刺激他们消费行为的"营销场景"。这就需要我们打破传统思维，从用户体验出发，将商业空间视为一种工具、一种媒介、一种与消费者建立情感连接的纽带。

例如，在数字化浪潮的席卷下，实体书店面临着前所未有的挑战。然而，来自日本的书店品牌茑屋书店却凭借其独特的"生活提案型书店"概念，成功地将传统书店转型为一个集文化、艺术、生活于一体的综合性文化空间，重新定义了书店的功能与价值，成为实体零售业中的一股清流。

茑屋书店的空间设计，打破了传统书店的界限，将阅读、餐饮、展览、休闲等多种功能融为一体，创造出一个充满文化气息与生活质感的"第三空间"。在这里，书籍不再是唯一的主角，而是与周围环境和谐共存，共同营造出一种沉浸式的文化体验。宽敞明亮的阅读区、舒适的沙发座椅、精致的咖啡吧台、定期举办的艺术展览和文化沙龙……每一个细节都经过精心设计，旨在为顾客提供一个放松身心、激发灵感的理想场所。

通过空间重构，茑屋书店成功地延长了顾客在店内的驻留时间，增加了书店品牌与顾客接触的机会，提高了用户黏性。顾客在这里不仅是为了购买书籍，更多的是为了体验一种生活方式，享受一段悠闲时光。

茑屋书店的空间重构案例，生动诠释了如何通过创新设计与多元功能融合，将传统实体书店转型为充满活力的文化生活"第三空间"。这种转变，不仅提升了顾客的体验质量，更增强了用户黏性。

对于现如今的大多数企业来说，该如何通过场景化的设计，赋予空间生命力与情感温度呢？

（1）深入理解品牌故事

场景化设计的起点，是对品牌故事和核心价值的深刻理解。这要求企业从根源上挖掘自己的品牌文化，思考如何通过空间设计讲述品牌故事，传达品牌理念。比如，品牌主张环保与可持续性，那么在空间设计中就可以大量使用再生材料，布置绿植墙，甚至引入自然光源，以此强化品牌的核心价值。

（2）融入顾客旅程视角

场景化设计不应只是静态的视觉呈现，更要考虑顾客的动态体验。从顾客进入空间的第一刻起，直到顾客离开，每一个细节都应设计得恰到好处，引导顾客自然而然地融入品牌故事中。

在这个过程中，顾客不仅是在欣赏一个美丽的场景，更是在体验一个充满情感和温度的品牌世界。这种体验让顾客与品牌之间建立了深厚的情感联系，也能让场景化设计真正发挥出它的价值。

所以，场景化设计可不是一张漂亮的"画皮"，而是一个充满生命力和情感温度的"故事世界"。在这里，顾客不是过客，而是故事中的主角，与品牌共同演绎着一段难忘的旅程。

（3）引入情感触发点

情感是连接人与空间的桥梁。场景化设计应善于捕捉和放大那些能触动人心的情感瞬间，如怀旧、好奇、惊喜等，通过艺术装置、互动体验、感官刺激等手段，激发消费者的情感共鸣。

有一家老字号，历经岁月的洗礼，承载着无数人的美食记忆与情感寄托。为了让顾客在品尝经典美食的同时，更加深刻地感受到品牌的历史底蕴和文化情怀，餐厅特别设置了一面别具一格的"时光墙"。墙上挂着一张张珍贵的品牌历史照片，记录了餐厅从创立到发展至今的点点滴滴，见证了品牌的成长与变迁。

除了历史照片，墙上还展示了顾客的留言和心得。这些留言和心得，或是感激之词，或是对美食的赞美，又或是对过往岁月的怀念，每一句都饱含深情。它们不仅见证了顾客与餐厅之间的深厚情感，更让新来的顾客感受到这份历史的温暖与传承。在"时光墙"前,顾客们可以驻足欣赏,回味那些与餐厅共同度过的美好时光。这面墙不仅成了餐厅的一道亮丽风景线,更成了连接顾客与品牌情感的纽带。

(4)创造互动与参与感

场景化设计不应止于观赏,更应鼓励消费者参与和互动。通过设置拍照打卡点、互动装置、工作坊等,让消费者成为品牌故事的一部分,不仅可以增加消费者的参与感和乐趣,还能促进品牌内容的自发传播,扩大品牌影响力。例如,一家儿童乐园可以设计一个"梦想工厂",让孩子们亲手制作玩具,不仅丰富了他们的游玩体验,还能培养他们的创造力和动手能力。

综上所述,空间重构并非仅仅改变空间的外观,而是进行更深层次的思维方式转变,它要求企业打破传统思维,从用户体验出发,将空间设计成一个能够与消费者产生情感共鸣的"营销场景"。未来,空间重构将会更加注重个性化和定制化,通过数据分析和人工智能等技术,为消费者提供更加精准的个性化服务。同时,空间也将与科技深度融合,打造更具创意、更具未来感的体验场景。

6. 逆向整合:逆向设计产品特性和服务模式

在传统营销模式下,企业通常遵循"研发—生产—销售"的线性路径。企业首先应设计产品,其次生产并销售给消费者。产品设计往往由企业主导，消费者只能被动接受。随着消费升级和个性化消费的兴起，这种传统的营销模式逐渐显露出弊端，由此，逆向整合营销策略应运而生。

逆向整合是从消费者需求出发，通过逆向思维设计产品功能和服务模式，也就是"以终为始"。它要求企业首先明确用户目标，了解用户在使用产品或享受服务过程中的痛点和需求，并以此为基础进行产品和服务设计。这一过程需要企业深入研究用户行为，进行市场调研和用户访谈，并运用各种分析工具（如用户旅程图、用户画像等），来全面理解用户需求。

亚马逊在开发 Echo 智能音箱时，就采用了逆向整合的策略。他们首先关注的是消费者对智能家居控制和信息查询的便利性需求，而不是音箱本身的硬件技术。亚马逊意识到，未来的消费者需要的不仅是一个播放音乐的设备，而是一个能够理解自然语言指令、控制家庭设备、提供信息查询服务的智能助手。

基于这一认识，亚马逊逆向设计了 Echo 音箱的核心特性——Alexa 语音助手。Alexa 不仅能够播放音乐，还能回答问题，控制智能家居设备，订购商品等，极大地丰富了音箱的功能。这种从消费者需求出发，逆向设计产品特性和服务模式的策略，使得 Echo 音箱在市场上获得了巨大成功，引领了智能音箱的发展潮流。

由此可以看出，逆向整合策略能够帮助企业更准确地捕捉消费者的真实需求，从而设计出更贴近市场的产品和服务，增强企业的竞争力。

相较于传统模式，逆向整合的优势有以下三点：

第一，提升用户体验。通过深入理解用户需求，使得产品和服务设计更符合用户期望，可以提高用户满意度。

第二，降低开发成本。逆向设计可以避免开发无用或低效的功能，节省开发成本。

第三，增强市场竞争力。了解用户需求，并提供更符合用户需求的产品和服务，可以增强市场竞争力。

逆向整合作为一种创新的方法论，不仅在产品设计、企业战略规划、流程优化、服务模式方面有重要价值，而且在营销创新方面也能发挥重要作用。通过逆向整合，企业可以从消费者行为和偏好出发，逆向设计营销策略和传播渠道，以更精准、更个性化的方式触达目标受众。

以下是通过逆向整合进行场景创新的一些基本步骤和方法：

（1）洞察需求

企业需要深入洞察消费者的真实需求。这可以通过市场调查、用户访谈、大数据分析等方式实现。通过深度理解消费者的痛点和需求，企业才能设计出真正符合用户需求的产品和服务。

Netflix是全球领先的媒体服务平台，其逆向整合策略体现在个性化推荐系统的构建上。通过分析用户观看历史、搜索记录和评分行为，Netflix能够逆向设计出符合用户口味的内容推荐算法，提前预测并满足用户需求，极大地提升用户体验和用户留存率。

（2）逆向设计

在洞察到消费者的需求后，企业需要运用逆向思维进行产品特性和服务模式的设计。例如，传统电商平台注重产品展示和销售，而逆向整合思维则可以从消费者"个性化需求"出发，设计个性化商品定制、虚拟试衣等服务，以提升用户体验。

例如，Dell作为全球知名的计算机制造商，其获得成功的方式之一便是对逆向整合的实践。Dell通过网络平台，允许消费者自行选择配置，从处理器、内存到硬盘,甚至选择外观颜色,很多功能,消费者都能根据个人需求进行定制。这种逆向设计,不仅满足了消费者对个性化产品的追求,也大幅降低了库存成本,实现了供需的高效匹配。

(3)场景构建

逆向整合的核心在于构建符合消费者场景的产品和服务。例如,以"外卖"为例,传统的模式是为消费者提供单一的外卖服务,而逆向整合思维则可以将外卖服务与消费者的生活场景相结合,如提供"深夜食堂"主题外卖、周末家庭聚餐外卖套餐等,可以为用户提供更丰富、更有温度的服务。

(4)优化改进

逆向整合并不是一个简单的、一次性的过程,而是一个需要不断尝试、反馈和优化的循环。在这个过程中,企业需要紧密关注用户的反馈和需求,以便根据这些信息对产品和服务进行持续的优化改进,最终推动场景的创新。

逆向整合不仅是一种创新思维,更是一种全新的营销理念。它将推动企业从"产品为王"的传统思维模式向"以用户为中心"的创新模式转变,最终实现营销场景的突破与创新。企业只有顺应时代发展趋势,积极拥抱逆向整合,才能在未来的市场竞争中取得成功。

7. 快速迭代：对新场景原型测试、优化

新技术、新模式不断涌现，消费者的需求也日新月异。如何在激烈的竞争中脱颖而出，抢占市场先机？答案只能是快速迭代。

传统的营销策略往往过于依赖预设方案，忽视市场环境的动态变化。相比之下，快速迭代倡导的是一种实验性、迭代性的方法论。它鼓励营销团队快速推出原型，收集用户反馈，然后根据反馈结果迅速调整策略，实现策略的持续优化。这种方法不仅能够提高策略的市场适应性，还能缩短策略从设计到执行的时间周期，从而让企业在激烈的竞争中把握先机。

Spotify 是一个全球知名的音乐流媒体服务平台，它提供了数百万首（个）歌曲、播客和视频的在线访问，让用户可以在各种设备上随时随地享受音乐。Spotify 最初推出的推荐系统虽然受到欢迎，但存在一定的局限性。为了提升用户体验，Spotify 采取了"小步快跑"的策略，定期推出新版本的算法，每次只做细微调整，并密切关注用户反馈。

也就是说，Spotify 不会一次性进行大规模、颠覆性的算法改动，而是选择逐步、细微地调整其推荐系统。每次更新都经过精心设计和测试，确保在保持系统稳定性的同时，能够为用户提供更加精准、更加个性化的推荐。

采取这种策略的好处在于,每次更新都能及时收集到用户反馈,对系统进行进一步的优化和改进。这种持续的迭代优化,使得 Spotify 的推荐系统越来越精准,最终成为其核心竞争力之一。

快速迭代的核心在于敏捷开发,即通过快速构建原型、快速验证,以及根据反馈快速调整和优化,来不断提升产品或服务的效能。

(1)原型构建

在进行场景创新时,传统的做法是花费大量时间和精力进行产品开发,然后再进行市场推广。然而,这种模式风险极高,一旦产品无法满足市场需求,将会造成巨大损失。而在快速迭代下的原型构建,则是先快速构建简单的原型,然后将其展示给目标用户,同时在第一时间收集用户的反馈,验证产品或服务的可行性,而后再不断改进和迭代、优化产品,使其越来越满足消费者的需求。

(2)快速验证

在产品开发初期就进行原型测试,可以快速发现并解决产品潜在的问题,避免在后续开发中投入大量资源和时间进行修正。而且,这有助于降低开发成本,提高产品的质量和用户体验。另外,快速验证也有助于团队更好地理解用户需求,从而开发出更符合市场需求的产品。例如,通过制作简单的网站或 App 原型,进行用户测试,了解用户对产品功能、界面设计、操作流程的评价,及时调整产品设计,降低开发成本和风险。

(3)持续优化

持续优化是逆向整合策略中至关重要的一步,它可以确保产品或服务能够不断进化,从而更好地满足用户需求。这一过程强调"倾听用户声音"与"迅速响应"的结合。

为此，关键是要做到以下两点：一方面，要建立多元化的用户反馈机制，包括在线问卷、社交媒体监测、用户访谈、焦点小组讨论以及数据分析等，全方位了解用户的真实感受和需求变化；另一方面，可以采用敏捷开发方法，将产品或服务分为多个可管理的小模块，分成每个模块后立即进行用户测试，然后根据反馈快速调整，实现"小步快跑"的迭代升级模式。

持续优化的最终目的是提升用户满意度，通过不断优化产品功能、界面设计、服务质量等，打造卓越的用户体验，进而增强用户黏性和品牌忠诚度。这一过程需要企业保持高度的灵活性和创新精神。

在收集到用户反馈后，企业需要及时对这些信息进行分析，并将其转化为可行的改进方案。例如，如果用户反馈网站加载速度慢，则可以优化网站代码，提高网站性能；如果用户反馈产品功能过于复杂，则可以简化产品功能，提升用户体验。

快速迭代，不仅是一种营销策略，更是一种应对市场变化的思维方式。在未来的营销场景中，快速迭代将成为常态，并成为赢得市场的关键。它要求营销人员具备高度的敏锐性和创新意识，能够在不确定的市场环境中通过持续地测试和优化，找到最有效的营销模式。

第六章
场景赋能：顶尖企业如何玩转营销魔法

从数字世界的虚拟现实探险，到现实生活的沉浸式零售空间；从个性化的内容定制，到社区文化的共创共享……顶尖企业将场景赋能作为其营销"魔法"的核心，颠覆传统，重塑规则，将营销置于真实的、触动人心的场景之中，引起消费者的共鸣，形成持久的情感连接。

1. 虚拟现实：Oculus 的沉浸式体验引领潮流

虚拟现实技术近年来发展迅速，其沉浸式体验为人们打开了通往无限可能性的新世界。如今，越来越多的公司加入了 VR 领域，不断推陈出新，为用户带来了更优质的 VR 产品和体验。VR 技术正在逐渐成熟，其应用范围也越来越广泛，从游戏娱乐到教育医疗，再到工业制造和商业服务，VR 技术正逐渐改变着人们的生活方式。

作为 VR 领域的先驱者，Oculus 凭借其卓越的硬件和软件技术，在 VR 体验的打造方面取得了突破性进展，并引领 VR 技术的发展潮流。

Oculus 是一家专注于虚拟现实技术的公司。该公司的第一个知名产品是 Oculus Rift。这是一款用于电子游戏的头戴式显示器，它通过提供沉浸式体验革新了虚拟现实技术的应用。

2014 年 Facebook（现更名为 Meta Platforms）收购了 Oculus VR。Oculus 随后成为 Facebook/Meta 旗下 VR 部门的核心，负责开发和推广一系列 VR 硬件和软件，包括 Oculus Rift、Oculus Quest 等产品线。

除了游戏，Oculus 也在探索 VR 技术在教育、娱乐、医疗、建筑等多个领域的应用潜力，致力于推动虚拟现实技术成为人们日常生活的一部分。

随着 Facebook 更名为 Meta，公司更加强调元宇宙（Metaverse）的概念，而

Oculus 作为 VR 领域的先驱，也继续在这一领域扮演着关键角色。

Oculus 的沉浸式体验主要体现在三个方面：

首先是高分辨率显示。Oculus Rift 和 Oculus Quest 系列头显均配备了高分辨率显示屏，为用户呈现了清晰细腻的画面，最大限度地消除了画面颗粒感和像素点，提升了用户的沉浸感。

其次是精准的追踪系统。Oculus 的追踪系统基于内部传感器和外部摄像头，能够精确捕捉用户的头部和身体动作，并将其同步到虚拟世界中，实现了流畅自然的交互体验。用户在虚拟世界中的行动就像在现实世界一样自由，极大地提升了用户的参与感。

最后是逼真的音效体验。Oculus 通过立体声耳机和空间音频技术，为用户营造身临其境的听觉体验。逼真的音效可以增强用户对虚拟环境的感知，让用户仿佛置身其中。

除了硬件方面的优势，Oculus 在软件方面也做出了很多努力。Oculus Store 提供了丰富的 VR 游戏、应用和体验内容，涵盖了各个领域，满足了用户的各种需求。其中，Oculus Quest 系列头显更是凭借其移动性，为用户带来了前所未有的自由体验，用户无须连接电脑，即可随时随地享受沉浸式的 VR 体验，打破了时间和空间的限制。

Oculus 的成功并非偶然。其沉浸式体验不仅为用户带来了无与伦比的娱乐享受，也为各个领域带来了巨大的可能性。在游戏领域，Oculus 为玩家带来了前所未有的游戏体验，让玩家可以真正融入游戏世界，体验身临其境的冒险和挑战。在教育领域，Oculus 可以帮助学生更直观地理解抽象的概念，并提供更具互动性和沉浸式的学习体验。在医疗领域，Oculus 可以帮助医生进行更精准的诊断和手术，并为患者提供更有效的治疗方案。

Oculus 的沉浸式体验引领了 VR 技术的潮流，为人们打开了通往无限可能性的新世界。Oculus 的成功，证明了沉浸式体验是 VR 技术的核心价值，也将继续引领 VR 产业朝未来的方向发展。而随着 VR 技术的不断发展，未来我们将会看到更加丰富多彩的 VR 应用，体验更加沉浸式的虚拟世界。

当然，VR 技术也面临一些挑战。例如，VR 设备的价格仍然偏高，清晰度不高依然是需要解决难点，普及率还有待提高。此外，VR 内容的开发成本较高，也限制了 VR 产业的快速发展。但随着技术的进步和成本的降低，VR 技术将会更加普及，其应用范围也将更加广泛。

2. 无界零售：阿里巴巴的"新零售"打破购物界限

当下，在互联网技术的加持下，零售业正在经历着一场深刻的变革。传统的线下实体店和线上电商平台之间的界限逐渐模糊，一种全新的零售模式——"无界零售"应运而生。作为中国电商巨头，阿里巴巴凭借其强大的技术实力和丰富的商业经验，率先提出了"新零售"的概念，并将其作为未来零售业发展的重要方向。

阿里巴巴"新零售"的实践主要体现在以下几个方面：

(1) 盒马鲜生

作为阿里巴巴新零售的代表性案例，盒马鲜生将生鲜超市与电商平台相结合，通过"线上线下融合"模式，为消费者提供生鲜食材、餐饮服务以及线上线下一体化购物体验。其成功之处在于以用户为中心，通过数据分析、智能供应链管理和O2O服务，打造全新的消费场景。

(2) 天猫超市

天猫超市通过"线上线下融合"模式，将超市商品搬到线上，为用户提供便捷的购物体验。其依托阿里巴巴强大的物流体系，实现"当日达""次日达"等服务，同时通过会员体系、积分奖励等手段，提升用户忠诚度。

(3) 淘鲜达

淘鲜达是阿里巴巴针对社区零售推出的解决方案，通过与线下零售商合作，将线下的商品和服务搬到线上，为用户提供仿佛"就在附近"的购物体验。其利用数据分析和智能推荐，为用户提供个性化商品推荐，并依托阿里巴巴强大的物流网络，实现快速配送。

由此看出，阿里巴巴提出的"新零售"概念，并不是简单地将线上线下结合，而是以消费者为中心，打破传统零售模式的界限，并利用大数据和科技手段，打破线上线下的数据壁垒，实现消费者体验的无缝衔接。

具体来说，阿里巴巴"无界零售"的成功主要归功于以下三点：

(1) 消费者触点全链路整合

在传统的零售模式下，消费者在不同场景下的购物体验是割裂的。例如，消费者可能在线上浏览商品，最终却选择前往线下门店进行购买。而"无界零售"则通过数据打通和技术赋能，将线上、线下不同触点整合为一体，为消费者提供无缝衔接的购物体验。阿里巴巴的"新零售"平台正是基于"无界零售"这一理念，将淘宝、天猫、饿了么等多个平台整合在一起，为消费者提供全方位的购物服务，并在不同场景中为消费者提供个性化的推荐和服务。

（2）数据驱动精准营销

"无界零售"的另一个重要特征是数据驱动。通过收集和分析消费者行为数据，商家可以更准确地了解消费者的需求，并有针对性地进行营销活动。阿里巴巴的"新零售"平台拥有海量的用户数据，可以根据消费者在不同平台上的消费行为数据，进行精准的商品推荐、个性化的营销活动以及更有针对性的服务，从而提高营销效率和转化率。

（3）技术赋能提升购物体验

"无界零售"的实现离不开技术的支持。通过人工智能、大数据、物联网等技术的应用，商家可以为消费者提供更加便捷、高效、个性化的购物体验。例如，无人零售、智能导购、个性化推荐等技术的应用，可以有效提升消费者的购物体验，提高他们的满意度。

未来，随着信息技术的不断发展，"无界零售"将更加普及，商家需要不断创新，利用数据和技术赋能，为消费者提供更加个性化的购物体验。同时，商家也需要关注消费者的需求变化，不断优化商品和服务，以满足消费者不断变化的需求。

"无界零售"的出现，标志着零售业正在进入一个全新的时代。阿里巴巴的"新零售"战略为零售业的发展提供了新的发展方向和营销思路，为企业、商家和消费者创造了更大的价值。

3. 云端办公：谷歌用新场景打破传统办公空间

近年来，云端办公的概念逐渐深入人心，并成为众多企业加速数字化转型的首选。云端办公不仅是一种工作模式的革新，更是一种赋能营销场景、重塑企业竞争优势的战略选择。通过云计算、云存储、云协作等技术，将办公流程迁移至云端，实现远程办公、协同办公、数据共享等功能的融合，为企业带来诸多优势。

首先，可以提高工作效率，降低运营成本。云端办公可以有效提高员工工作效率。员工可以随时随地访问云端数据，进行协作和沟通，不受时间和空间的限制。同时，企业可以减少办公室租赁、硬件维护、差旅等方面的支出，降低运营成本。

其次，能够打破地域限制，实现全球化协作。云端办公可以打破地域限制，实现全球化协作。企业可以将团队分布在全球各地，不受地理位置的影响，高效地进行跨地区、跨国家合作，拓展全球市场。

再次，形成灵活高效的团队管理。云端办公可以实现更灵活高效的团队管理。企业可以根据需要调整团队规模，快速响应市场变化。同时，云端办公平台可以提供各种协作工具，方便团队成员进行信息交流、项目管理、进度追踪等操作。

最后,增强了数据的安全性和可靠性。云端办公平台通常具备更高的数据安全性和可靠性。企业可以将数据存储在云端,避免因设备损坏或丢失而导致数据丢失。同时,云端平台可以提供数据备份和恢复服务,保障数据的安全性。

身为科技巨头的谷歌,一直致力于推动云端办公的普及,并通过其创新性的云端办公场景,不断打破传统办公空间的束缚,为企业赋能,开创全新的工作方式。

(1)Google Workspace:协同办公的新典范

Google Workspace 是谷歌为企业提供的云端协作平台,集成了 Gmail、Calendar、Drive、Docs、Sheets、Slides 等众多应用程序,为企业提供"一站式"的协作解决方案。

Gmail:提供安全的电子邮件服务,支持多人协作,方便团队成员进行信息交流。

Calendar:提供日程管理功能,方便团队成员安排会议、预约时间。

Drive:提供云端存储服务,方便团队成员存储、共享和协作文件。

Docs、Sheets、Slides:提供在线文档编辑、表格处理和幻灯片制作服务,方便团队成员共同创作和编辑文件。

(2)Google Meet:高效沟通的新方式

Google Meet,作为谷歌旗下的专业视频会议平台,正以其卓越的性能和丰富的功能,引领这一领域的创新风潮。它不仅是一款简单的视频会议工具,更是团队协作、知识分享和远程办公效率提升的强大引擎。

高清视频会议:Google Meet 提供了清晰、流畅的高清视频会议体验,无论你身处何地,都能享受到如同面对面交流般的沟通质量。其先进的视频编码技术和强大的网络优化能力,确保即使在网络条件不佳的情况下,也能保持稳定的连接和清晰的画质,让每一次会议都如同现场对话般真实。

屏幕共享:屏幕共享功能是 Google Meet 的又一亮点,它允许会议参与者轻松共享自己的屏幕,无论是展示 PPT、演示项目、代码审查还是共同编辑文档,都能做到无缝衔接。这一功能极大提高了远程团队的协作效率,让创意和灵感在无边界的数字空间自由流动。

实时字幕:对于听力障碍人士或处于嘈杂环境中的参与者,发掘出 Google Meet 的实时字幕功能堪称一大福音。它自动识别换会议中的语音并转为文字,确保每位成员都能及时获取会议内容,促进了无障碍沟通和包容性工作环境的建设。这一创新不仅体现了技术的人文关怀,也为多元化团队的高效协作奠定了坚实的基础。

(3) Google Chat:即时沟通的利器

Google Chat 是谷歌推出的即时通信工具,提供一对一聊天、群聊、文件共享等功能,方便团队成员进行实时沟通。

一对一聊天:Google Chat 提供了一对一聊天功能,使团队成员能够轻松发起私密对话,无论是讨论敏感信息、分享个人见解还是寻求同事的帮助,都能够在一个安全、私密的环境中进行。这种即时且直接的沟通方式,有助于加深团队内部的信任感和凝聚力,促进形成和流动更加开放和透明的企业文化。

群聊:Google Chat 允许用户创建和加入多个聊天室,每个房间都可以围绕特定的主题或项目展开讨论。无论是产品开发团队、市场营销小组还是跨部门合作,群聊都提供了灵活的沟通平台,支持实时消息、文档共享和任务分配,确保信息的及时传达和项目的顺利推进。

文件共享:无论是文本文档、图片、视频还是其他多媒体文件,用户都可以轻松上传和分享给个人或整个群组。这一功能极大地便利了团队成员之间的资源交换和信息流通,特别是在需要多人协作编辑文档或共同审阅资料的场景下,文件共享就成了提高工作效率的关键。

谷歌的云端办公场景不仅提供了更加高效、便捷、安全的办公体验,更打破了传统办公空间的束缚,为企业开创了全新的工作方式。由此,企业可以利用云端办公平台提供的各种功能和工具,提高工作效率,降低运营成本,拓展全球市场。

4. 自助服务:宜家家居的体验式购物环境

近年来,随着消费升级和购物方式的转变,体验式购物成为一种重要的趋势。其中,自助服务作为一种重要的体验式购物方式,被越来越多的零售商采纳和优化,以满足消费者对便利性、个性化和参与感的追求。

这里讲的自助服务,通常是指一种服务交付模式,即允许用户或客户在不需要人工的直接帮助下,通过自动化系统或平台来完成任务或获取所需信息。自助服务的实施往往基于技术,如计算机信息系统、移动应用、网站、电话语音菜单、自助服务终端等,这些技术为用户提供了一个界面,使他们能够自行操作以达到购物目的。

我们知道，传统商业中的零售模式通常依赖销售人员的引导。这种模式存在一些明显的弊端，例如，销售人员的专业水平参差不齐、顾客可能感到被强迫推销等。自助服务模式则巧妙地将顾客置于购物的主导地位，赋予他们自由选择的权利，并通过一系列精心设计的细节，将购物过程转化为一种积极的体验。

作为全球知名的家居零售商，宜家家居在自助服务方面走在了行业的前列。其自助服务模式不仅是关于购物体验的优化，更是一种独特的企业文化和商业模式的体现。

以下是宜家在自助服务领域的一些具体举措：

（1）仓储式购物体验

宜家的大型仓库式商店设计鼓励顾客自行探索和选择商品，而不是依赖销售人员。这种模式不仅减少了商店的人力成本，还给予顾客更多自主选择的空间，增加了顾客购物的参与感和乐趣。

宜家家居的仓储式购物体验是其营销的一大亮点，它颠覆了传统的零售理念，将顾客从被动的消费者转变为积极的探索者。宜家的大型仓库式商店设计，旨在营造一个不断引领顾客探索购物乐趣的购物环境。

当你走进宜家时，不会立刻有销售人员上来"搭讪"，迫切地推销，你可以完全按照自己的意愿，在宽敞的展示区自由漫步。这种无压力的购物环境，让人感觉轻松自在。宜家精心设计的路线引导顾客穿梭于不同风格的家居展示区，从客厅到卧室，从厨房到儿童房，每一处都像一个小型的生活场景，激发顾客的想象力和创造力。这种非线性的探索过程，鼓励顾客根据个人喜好和需求，自主决定购物路径和停留时间，大大增加了他们购物的参与感和乐趣。

（2）设置自助提货区

在宜家的自助提货区，顾客需要根据商品清单上的信息准确找到对应的商品，然后将其搬运到自己的购物车上。将商品带回家后，宜家的顾客还将面临一项有趣的任务——自己动手组装家具。宜家提供的详细组装说明和工具，让这一过程变得既简单又充满乐趣。

宜家的自助提货区，不仅是购物体验的一个环节，更是一种文化的传播和一种生活方式的倡导。

（3）引入自助结账系统

自助结账系统的引入，最直接的影响便是显著减少了顾客结账排队的等待时间。特别是在节假日或周末等人流高峰期，自助结账系统能够有效分散客流，避免排长队现象。

顾客可以快速扫描商品条形码，支付并完成交易。宜家的自助结账系统支持多种支付方式，包括现金、信用卡、借记卡以及流行的移动支付方式，如支付宝、小米支付、华为支付、Apple Pay、Google Pay 等。这种灵活性不仅照顾到了不同顾客的支付习惯，也加速了交易的完成，减少了因支付方式不兼容而增加额外等待时间的现象。

（4）智能物流与配送

宜家积极优化其物流配送体系，来满足顾客日益增长的在线购物需求。比如，宜家采用了智能化仓储管理系统，通过数据分析和预测算法，实现库存的精准控制和高效调度。这种现代化的物流管理方式，不仅缩短了商品从仓库到顾客手中的时间，还减少了因库存积压导致的成本浪费。

又如，宜家还推出了自助预约送货上门服务。顾客在下单时即可根据自身的时间安排，灵活选择送货日期和时间段。这一创新服务彻底改变了传统的"一刀切"配送模式，给予了顾客更大的自主权，确保商品能在最适宜的时间送达，极大地方便了忙碌的都市人群购物。

同时，宜家还引入了先进的订单追踪系统。顾客可以通过宜家官网或移动应用程序，随时查看订单状态，了解商品的物流进展。

自助服务模式与宜家家居的品牌理念相契合。一直以来，宜家家居都强调个性化、自助和环保理念，而自助服务模式的实施，不仅体现了品牌理念，更进一步塑造了宜家家居独特的品牌形象。

5. 动态定价：场景感知下的价格策略优化

在市场中，价格策略作为商品的核心竞争力之一，扮演着至关重要的角色。今天，传统的静态定价策略难以有效应对市场需求的波动和竞争格局的变化。相比之下，动态定价策略因其灵活性和适应性，成为许多企业和行业偏好的选择。

动态定价，是指根据市场信息、客户行为、竞争状况等因素，实时调整商品或服务的价格，来最大化企业利润的一种定价策略。将动态定价策略与特定的场景相结合，通过对用户需求、行为以及环境信息的深度分析，实现价格策略的精准化和个性化。

例如，航空公司会根据航班的预订情况、淡季或旺季、燃油价格等因素动态调整机票价格，以实现收益最大化；酒店会根据入住率、节假日、房型、客源地等因素动态调整房价，以吸引更多客人，提高入住率；餐饮店会根据用餐时间、客流量、季节等因素动态调整菜品和价格，以吸引更多顾客，提高营业额；等等。

动态定价的精髓在于"场景感知"，即根据不同的场景因素对价格进行调整，以达到最佳定价效果。常见的场景因素包括以下几种：

（1）时间因素

时间因素是企业在制定营销策略时必须考虑的重要因素。以餐饮业为例，午餐和晚餐时段通常是餐饮业的高峰时段，这两个时段客户对餐饮的需求量较大，餐厅的客流量也会相应增加。因此，餐厅可以采用分时定价的策略，即在高峰期适当提高价格，以平衡供需关系，同时也能够提高餐厅的收益。而在低峰期，如上午和下午的非餐时段，餐厅可以通过提供折扣、优惠套餐等方式吸引客户，以增加客流量和销售额。

工作日与周末的客户需求也存在显著差异。在工作日，客户的用餐时间相对较短，更注重效率和便捷性，因此餐厅可以推出快速简餐、外卖服务等满足这类需求。而在周末，客户的用餐时间相对较长，更愿意享受悠闲的用餐氛围。因此，餐厅可以提供更多的正餐选择、特色菜品等来吸引客户。

在节假日，如国庆节、春节等期间，人们通常会有更多的休闲时间和消费需求，因此会出现额外的客流，此时，餐厅可以适时上调价格，以应对高峰期用餐需求。但需要注意的是不要过度涨价，以免损害品牌形象和降低客户满意度。同时，餐厅还可以推出节假日特色菜品、套餐等，来满足客户的节日消费需求。

（2）地域因素

不同地区的人群消费水平存在差异，这直接影响到客户对价格的敏感度和支付意愿。在消费水平较高的地区，客户可能更看重商品的品质和服务，对价格不太敏感，因此企业可以适当提高价格，以体现商品的价值和品质。而在消费水平较低的地区，客户可能更注重价格因素，此时企业需要制定更为亲民的价格策略，来满足这类客户的需求。

在不同地区，企业面临的竞争对手和竞争程度可能有所不同。在竞争激烈的市场中，企业需要通过制定有竞争力的价格策略来吸引客户，以获取更多的市场份额。而在竞争相对较小的市场，企业可以适当提高价格，以获得更大的利润空间。

另外，在不同地区，同一种商品的供应量和需求量可能存在差异。在供应量大于需求量的地区，企业可能需要通过降低商品价格来促进销售，以减少库存压力。而在需求量大于供应量的地区，企业可以提高商品价格，以获得更高的收益。

（3）客户因素

不同客户群体对价格的敏感度和反应各不相同，企业需要细致分析客户特征，有针对性地制定价格策略，最大化提高市场覆盖率和利润率。

新客户通常对价格比较敏感，因为他们还没有建立起对品牌的忠诚度。为了吸引新客户，企业可以为他们提供试用优惠、首单折扣或限时促销活动，以降低新客户的尝试成本，引导他们进行首次购买。

老客户或忠诚客户对价格不太敏感，因为他们已经认可了品牌的价值。对于这一群体，企业可以采用忠诚度计划，如积分兑换、会员专属折扣或提前购买等，以奖励他们的持续支持，并鼓励他们提高购买频率和金额。

高价值客户是企业利润的重要来源。他们对价格不太敏感，更看重产品的品质和服务。针对这一群体，企业可以提供高端产品线、个性化服务或 VIP 客户经理等增值服务，来提升客户体验，提高品牌忠诚度。

除了上述客户群体，企业还可能面对团购客户、学生群体、老年群体等不同的细分市场。针对这些细分市场，企业可以制定相应的价格策略，如团购优惠、学生折扣、老年人优惠等，来满足他们的特殊需求。

（4）产品因素

不同产品的市场定位、竞争对手、库存情况等因素都会影响价格，需要根据产品的具体情况制定不同的价格策略。对于定位高端的产品可以采取高价策略，以体现其独特的价值和高品质；而对于定位大众化的产品则应采取亲民的价格策略，来满足大众消费者的需求。企业需要根据产品的市场定位，制定相应的价格策略，来吸引目标客户群体。

此外，产品的库存情况也会对价格策略产生影响。当产品库存较多时，企业可能需要通过降价促销来清理库存，以减轻库存压力；而当产品库存较少时，企业可以提高价格，以体现产品的稀缺性。总之，企业需要根据产品的库存情况灵活调整价格策略，以实现库存与销售之间的平衡。

动态定价作为一种随着场景变化的定价策略，允许企业根据实时市场条件、供需关系、客户行为和其他关键因素来调整价格。这种策略在许多行业中被广泛采用，特别是在那些需求量波动大、库存管理复杂或者有强烈时效性的领域更愿意采取这种策略。

值得注意的是，在实施动态定价时，需要注意公平性和透明度，避免引起客户的不满和反感，即企业需要充分利用数据分析技术，结合场景感知，制定灵活、高效的动态定价策略，在追求利润最大化的同时，力求得到客户的认可和支持。

6. 智能家居：小米科技的营销赋能策略

智能家居作为近年来科技领域的热门赛道，正逐渐改变人们的生活方式。智能家居是指将现代科技，尤其是信息技术融入传统的家用电器设计中，来提升家电的功能性、便捷性和舒适度的一种新型业务模式。智能家居结合电子智能、机械智能、物联智能等技术，使家电能够与互联网连接，从而具备自动化控制、感应、数据处理和交互的能力。

小米科技作为这一领域的领军者之一，凭借其强大的产品矩阵和精妙的营销策略，成功地将智能家居产品推向了大众市场，并建立起强大的用户生态体系。不同于传统的智能家居产品，小米将产品与用户生活场景深度融合，打造出以用户需求为导向的智能化体验，从而构建出"万物互联"的智慧生活场景。

下面选取几个场景作简单介绍：

（1）回家场景

当用户回到家时，家中的灯光系统会根据用户的习惯和喜好，自动调整至最舒适的亮度与色温。温馨的暖色调灯光不仅温暖了归家的人，也营造出一种宁静而舒适的氛围。此外，空调和空气净化器也会根据室内外的温度、湿度和空气质量自动调整至最佳状态，确保用户在进入家门后能够立即感受到宜人的环境。

用户可以通过手机 App 或语音控制系统，实现不同设备之间的交互运用，例如，当用户离开房间时，可以通过手机 App 设置关闭灯光、空调等设备，来达到节能环保的效果。

这种场景化的设定，不单是技术（功能）的彰显，更是小米对用户需求的深刻洞察和精心设计的体现。

（2）安全场景

小米智能家居系统包含多种安全设备，如智能门锁、智能摄像头、人体感应器等，这些设备可以为用户提供全方位的安全保障。用户可以通过手机 App 远程查看监控画面，实时掌握家中情况，并通过智能报警功能及时应对突发情况，有效保障家庭安全。

以智能门锁为例，当用户接近家门时，它通过内置的先进传感器和强大的云计算能力"感应"到用户的归来。在确认用户身份无误后，门锁便会悄然无声地自动解锁，无须用户手动操作，为用户带来了极大的便利。

（3）娱乐场景

小米智能电视、智能音箱等产品，可以为用户提供沉浸式的影音娱乐体验。用户可以通过语音控制播放电影、音乐等内容，并享受高品质的音视频效果。

小米智能家居在为用户打造舒适生活环境的同时，也为用户提供了丰富多样的娱乐体验。其中，小米智能电视和智能音箱等产品成为家庭娱乐的核心组成部分，为用户带来了沉浸式的影音娱乐享受。

小米智能电视凭借其高清画质和出色的音效，为用户提供了影院般的观影体验。不仅如此，它还支持多种视频格式和流媒体服务，用户可以通过它观看最新上映的电影、热门电视剧以及各类综艺节目。同时，智能电视还内置了丰富的应用和游戏，满足了用户多样化的娱乐需求。

而小米智能音箱则通过语音控制的方式，为用户带来了更加便捷的操作体验。用户只需简单说出自己的需求，如"小爱同学，播放×××的《××》"，智能音箱便会立即响应并执行相应的操作。此外，智能音箱还支持智能家居设备的联动控制，如调整灯光亮度、控制空调温度等，为用户打造更加智能化的生活环境。

（4）健康场景

小米智能手环、智能体脂秤等产品，可以帮助用户监测自身健康状况，并提供专业的健康建议。用户可以通过手机 App 记录运动数据、睡眠质量等信息，并制定个性化的健康管理方案，打造健康生活方式。比如，在"睡眠场景"模式下，智能手环可以通过监测用户的睡眠质量，自动调节房间的光线和温度，甚至播放轻柔的音乐，帮助用户更好地入睡。这种细致入微的关怀，让小米智能家居不再是单纯的科技产品，而成了用户生活中不可或缺的伙伴。

小米通过一系列产品，构建了一个覆盖家庭各个角落的智能网络。其营销策略重点在于场景化智能管理。从这个意义上说，小米提供的不是单一的智能产品，而是通过构建一个全面互联的智能生态，让用户在不同的生活场景中体验智能化带来的便捷与舒适。通过构建无缝的智能生活场景，小米科技不仅增强了用户黏性，还提升了品牌影响力，展示了智能家居在营销赋能方面的巨大潜力。

未来，随着技术的不断进步和消费者需求的多样化，场景化智能管理将成为智能家居行业发展的关键驱动力，引领智能家居行业走向更加成熟和普及的阶段。

7. 智慧出行：解决城市出行"最后一公里"问题

解决城市出行"最后一公里"问题，成为提升城市生活品质、优化交通体系的关键。近年来蓬勃发展的"智慧出行"概念，以其便捷、高效、智能等优势，为破解这一难题提供了全新的思路和方案。

"智慧出行"并非简单的交通工具升级，而是以技术赋能，构建一个涵盖出行全流程的智能化生态体系。其核心在于将数字化技术与出行场景深度融合，使信息互联、资源共享，从而提高出行效率，改善用户的出行体验。

从营销的角度来看，智慧出行有以下优势：

第一，精准用户画像与个性化服务。通过大数据分析，智慧出行平台可以精准识别用户的出行需求、偏好和习惯，为用户提供个性化的出行方案，如推荐最优路线、预订合适的交通工具等。

第二，智慧交通管理与优化。智慧出行平台可以实时监控交通状况，动态调整交通信号灯，优化公交线路，实现交通资源的有效调配，缓解交通拥堵，提高城市交通效率。

第三，多场景融合与跨界合作。智慧出行平台可以与其他平台和服务进行整合，如与餐饮、娱乐、购物等平台合作，为用户提供更便捷、内容更丰富的出行服务，打造完整的出行生态圈。

第四，科技赋能营销，增强用户黏性。智慧出行平台可以通过积分奖励、优惠券、个性化推荐等方式，提升用户参与度和忠诚度，增强用户黏性。

当前，智慧出行的常见场景主要有以下四种：

（1）共享单车：点对点出行

共享单车品牌通过精准定位用户需求，巧妙融合线上与线下资源，成功构建了一个以用户为中心的全方位营销生态，有效解决了城市出行的"最后一公里"难题，同时为该品牌赢得了广泛的市场认可，提升了用户忠诚度。

共享单车运营方通过开发功能强大的手机App，为用户提供了从注册、查找车辆、解锁骑行到支付结算的全流程数字化服务。用户只需用一部手机，即可在数秒内完成车辆的租借和归还，真正实现了随借随还的出行自由。这种无缝连接的数字化体验，极大地提高了用户的出行效率。

通过对用户行为数据的深度分析，共享单车品牌能够精准洞察用户出行习惯和偏好，进而提供定制化的营销策略和个性化推荐。例如，针对经常在特定区域使用共享单车的用户，品牌可以推送专属优惠券或定制路线建议，增强用户黏性；对于新用户，则可以通过新手优惠、引导教程等方式，快速培养他们的使用习惯，提高转化率。

共享单车品牌通过举办各类线上线下活动，如骑行挑战赛、公益骑行、城市探索游戏等，不仅提高了用户的品牌认知度，也促进了用户间的社交互动，形成了一个充满活力的骑行爱好者社群。这种社群营销策略，不仅提升了品牌的社交影响力,还提升了用户的忠诚度。

(2)共享电动汽车:绿色出行

共享电动汽车为用户提供了灵活、高效的出行选择。驾驶共享电动汽车,用户不再需要担心油费、保养费或停车费的问题。只需按时支付使用费用,便可畅享无忧的出行体验。相较于传统的燃油车,电动汽车在行驶过程中几乎不产生碳排放,对空气质量的提高有着积极的影响。

通过 App,用户可以实时查看车辆的电量、行驶里程等信息,还可以远程预约车辆、锁车等。这些智能化的功能不仅提升了用户体验,也让他们出行变得更加智能、高效。

(3)智慧公交:提升乘坐体验

通过引入 GPS 定位、智能调度等先进技术,智慧公交系统不仅实现了公交线路的动态调整,更在提高公交运营效率、缩短乘客等候时间等方面取得了显著成效。

在智慧公交的助力下,公交线路不再一成不变。系统能够根据实时交通状况、乘客出行需求等信息,自动调整公交线路和发车间隔。这样,当某个区域出现交通拥堵时,系统可以迅速调整线路,避开拥堵路段,确保乘客能够准时到达目的地。同时,智能调度技术的应用也使得公交车辆能够更加高效地运行,减少了车辆空驶和等待时间,提高了运营效率。

除了优化公交线路和运营效率,智慧公交系统还为乘客提供了更加便捷舒适的出行体验。乘客可以通过手机 App 或电子站牌查询、看到实时公交信息,包括车辆位置、到站时间等,从而合理安排自己的出行时间。此外,智慧公交系统还提供了车内 Wi-Fi 服务,让乘客在乘车过程中能够畅享高速网络,随时随地通过网络处理工作或娱乐休闲。同时,移动支付功能的引入也使乘车变得更加方便快捷，乘客只需通过手机即可完成车费支付，无须再为找零钱而烦恼。

（4）无人出租车：智能出行

随着自动驾驶技术的飞速发展，无人出租车正逐渐从科幻概念变为现实。无人出租车以其智能、便捷、高效的特点，引领未来出行的新潮流。

从营销角度来看，无人出租车带来了前所未有的便捷性和个性化体验。乘客只需通过手机 App 轻松预约，即可享受到专车接送的尊贵服务。无人出租车能够实时响应乘客的需求，乘客无论是在繁忙的市区还是偏远的郊区，都能迅速抵达指定地点，大大节省了他们的时间和精力。这种个性化的服务模式让乘客感受到品牌的关怀，从而提升了品牌的口碑和忠诚度。

此外，无人出租车还具备强大的社交属性。乘客在乘坐过程中可以与其他乘客交流互动，分享彼此的出行经历和感受。而且，品牌还可以通过在车内设置互动屏幕、提供特色音乐等方式，让乘客在轻松愉悦的氛围中了解品牌文化、产品特点和优惠活动等信息，从而增强品牌的影响力和传播效果。

"智慧出行"作为解决城市出行"最后一公里"问题的有效手段，拥有巨大的发展潜力。未来，智慧出行将继续朝着更加便捷、高效、智能的方向发展，为人们提供更加舒适、便捷的出行体验，助力城市交通的转型升级，推动城市可持续发展。

8. 智能语音：亚马逊为用户提供全新的家居交互体验

近年来，智能设备市场蓬勃发展，而智能语音作为智能设备的核心技术之一，正逐渐改变人机的交互方式。传统的交互方式主要依赖于物理按键、遥控器等，操作烦琐且效率低下，智能语音的出现彻底改变了这种局面，它利用自然语言处理技术，使人们能够用自然语言与设备进行交流，实现对设备更便捷、更高效的控制。

智能语音技术是人工智能的一个分支，它涉及语音识别、语义理解、自然语言处理、语音合成等多个技术领域，目的是让计算机能够理解、解释和生成人类语言，从而实现人机之间的自然语音交互。

智能语音技术作为人工智能领域的一颗璀璨明珠，正以前所未有的速度改变我们的日常生活，而亚马逊的Alexa是这一变革中的领航者。

亚马逊是全球领先的电子商务和云计算公司之一。该公司推出了一款功能强大的智能语音系统Alexa。Alexa具备自然语言处理、机器学习等先进技术，能够理解用户的语音指令并进行响应。通过与智能家居设备的整合，Alexa实现了对家居设备的语音控制，让用户可以用最自然的语言操控家中的一切，从灯光、空调到音响、电视，甚至包括操控智能窗帘、智能门锁等。

下面我们来看几个应用场景：

（1）智能控制

亚马逊推出的智能场景模式，可以让用户体验到更加人性化的家居服务，也为亚马逊智能语音打开更多应用场景。

（2）语音购物

Alexa 与亚马逊平台无缝衔接，用户可以直接通过语音进行购物。比如，用户仅需说出如"Alexa，帮我订购一盒牛奶"这样的简单指令，Alexa 便能立即识别用户的需求，检查库存、确认价格，并完成交易。

Alexa 不仅能执行基本的购物指令，还可以根据用户的购物历史和偏好提供建议，如推荐类似产品或提供替代品选择。此外，Alexa 还能跟踪订单状态，提醒用户包裹送达时间，以及处理退货或售后服务，充当全天候的个人购物助手。

除此之外，对于家庭必需品，如清洁用品、食品等，Alexa 能够根据用户的消费频率和使用习惯自动创建定期补给计划。当库存即将耗尽时，Alexa 会自动下单，确保用户不会缺货，这种自动化功能尤其受到忙碌、时间紧迫的家庭的欢迎。

（3）生成式 AI

亚马逊对生成式人工智能的深度整合，极大地提升了其智能助手 Alexa 的性能与用户体验，特别是在对话理解和个性化服务方面。生成式 AI，特别是基于 Transformer 架构的深度学习模型，如 GPT 系列（Generative Pretrained Transformer），为 Alexa 带来了革命性的进步，使其能够生成连贯且自然的语言响应，极大地提升了人机交互的质量和深度。

通过生成式 AI，Alexa 能够理解并回应更为复杂的用户请求，包括多轮对话和情境理解。也就是说，Alexa 不仅能记住与用户对话的历史，还能根据对话的上下文生成恰当的回复，使得交互过程更加流畅和自然。例如，如果用户询问天气后，再询问是否需要带伞，Alexa 能根据前一个问题的回答（如天气预报显示有雨）来建议用户携带雨具，而无须用户重复提及"天气"这一关键词。

另外，生成式 AI 还使 Alexa 能够理解非言语线索，如用户的语气、情绪和潜在意图，从而作出更贴合情境的反应。

（4）情感识别

Alexa 的高级版本融入了复杂的情感识别技术。利用深度学习和自然语言处理技术，Alexa 能够分析用户的声音模式、语调变化以及词汇选择，以此来推断用户的情绪状态。这种能力不限于识别高兴、悲伤、愤怒或惊讶等基本情绪，还能捕捉到用户更细微的情感波动，如焦虑、兴奋或疲倦等。

例如，当 Alexa 检测到用户可能感到沮丧或孤独时，它会主动提出播放用户喜欢的音乐，或给用户讲笑话或分享一些鼓舞人心的故事，来改变用户的心情。对于儿童而言，Alexa 可以根据他们的情绪状态调整故事讲述的方式，如果察觉到孩子在睡前显得不安，它可能会使用更加柔和、安抚的语气讲故事，帮助孩子平静下来后进入梦乡。

（5）模仿声音

通过收集并分析特定个人的声音样本，Alexa 能够重建该人的声音特征，从而在与用户互动时使用这个声音。这种技术不仅限于模仿用户的声音，理论上还可以模仿任何独特的声音，比如模仿名人、卡通角色或历史人物的声音。

声音模仿功能为用户带来了深刻的情感价值，尤其是对于那些失去亲人的人。它提供了一种方式，让人们能够在某种程度上与逝去的亲人"交流"，减轻哀伤，获得安慰。例如，在节庆日或特殊纪念日，Alexa可以用已故亲人的声音朗读一封信或一段祝福，营造出一种亲人仍然陪伴在身边的温馨感觉。

如今，Alexa已经在多个领域展现出强大的应用潜力和市场价值。例如，在智能家居中，它能够通过语音指令控制家电，提供音乐、新闻、天气预报等服务；在汽车行业，它提升了驾驶的安全性和便利性；在医疗健康领域，Alexa可用于电子病历记录和远程医疗服务；在语言教学领域，它可用于语言学习和特殊教育中，帮助学生更好地掌握语言技能。

随着人工智能算法的进步和大数据的支持，Alexa的准确率和自然度不断提高，将会构建出更加智能和无缝的生活场景。

9. 智能穿戴：苹果，让科技与时尚相融合

如今，科技早已不再是冰冷的机器与代码，它正在变身为一种智能设备，融入并服务于人们的工作和生活当中。如智能手表、智能眼镜、健康追踪器等智能穿戴设备，已悄然融入人们的生活，成为人们得力的助手或伙伴，忠实地为人们提供服务。

智能穿戴设备，也被称为可穿戴智能设备或可穿戴技术，是一类能够

直接穿戴在人身上或者整合到衣物中的小型电子设备。它虽然形态和功能各异，却是连接人们与数字世界的桥梁，让科技与时尚在现代生活中完美邂逅。这类设备通常包含各种传感器和处理器，能够收集和分析用户数据，实现与用户互动，如帮助用户监控身体健康状况，提升用户生活质量，为用户带来便利，增强用户个人安全感。

近年来，智能穿戴设备成为科技领域的创新的重点。苹果作为行业巨头，凭借其强大的品牌影响力和创新能力，在智能穿戴市场上取得了举世瞩目的成就。其Apple Watch系列产品不仅是功能强大的智能设备，更是时尚的腕上佩饰，成功地将科技与时尚完美融合，满足了用户对功能和美观的双重需求。

苹果深知，在竞争激烈的智能穿戴市场，仅依靠科技功能难以吸引消费者。他们洞察到，用户对时尚和个性化的需求日益增长，因此他们将时尚元素融入产品设计，打造出兼具科技与时尚的智能穿戴设备。

（1）时尚设计：注重时尚元素

在设计上，Apple Watch始终将时尚与个性化放在重要位置，为用户提供了丰富多彩的表盘、表带选择，以满足不同用户的独特品位需求。

表盘设计：提供了丰富的表盘可供选择，用户可以根据自己的喜好选择不同的表盘风格，如经典、运动、简约、时尚等风格。

表带材质：提供了多种材质的表带选择，包括金属、皮革、尼龙、硅胶等，用户可以根据自己的穿着风格和场合选择不同的表带。

颜色选择：提供了多种颜色，用户可以根据自己的喜好选择不同的颜色，以彰显个性。

Apple Watch的多元化设计，让用户可以根据自己的风格和需求选择合适的款式，将其作为时尚佩饰进行搭配，从而提升用户的时尚感和个性化体验。

（2）功能强大：科技引领生活

Apple Watch 集合了众多科技功能，包括以下几个方面：

健康监测：监测心率、血氧、睡眠等健康指标，为用户提供全天候的健康管理。

运动追踪：监测用户的运动数据，为用户提供运动指导和激励，帮助用户实现健康目标。

智能提醒：通过通知和提醒，帮助用户管理时间、安排日程，提高效率。

支付功能：支持 Apple Pay，方便用户进行便捷的支付。

连接性：支持多种连接方式，方便用户与其他设备进行交互。

Apple Watch 不仅拥有强大的功能，更会在功能的迭代升级方面不断创新。例如，它加入了 ECG 功能、血氧监测功能、跌倒检测功能等，为用户提供更丰富的体验，也引领了智能穿戴行业的发展潮流。

苹果的成功，证明科技与时尚的融合是智能穿戴市场发展的趋势。未来，智能穿戴设备将更加注重科技与时尚的融合，为用户提供更智能、更时尚、更便捷的体验。同时，智能穿戴设备也将与其他科技领域进行融合（例如与物联网、人工智能等技术相结合），为用户带来更丰富的应用场景和体验。

10.元宇宙场景：中国移动咪咕开拓阅读新境界

在不远的未来，科技将引领我们步入一个前所未见的维度——元宇宙。这是一个由无数虚拟空间、数字世界和现实社会交织而成的浩瀚网络——一个没有边界、超越物理限制的全新存在形态。在这里，现实与虚拟不再是两个独立的领域，而是相互渗透、相辅相成的。

随着区块链、虚拟现实、增强现实、人工智能等前沿技术的深入发展，元宇宙正逐渐从科幻概念变为触手可及的现实。它不仅改变了我们对世界的认知，更重新定义了人类社会的运行模式。在元宇宙中，身份、财富、知识甚至情感都可以跨越物理界限，以全新的形式存在与流动，由此构建起一个更加开放、包容、多元的未来社会。

在这个充满无限可能的数字空间中，中国移动咪咕作为国内领先的数字内容平台，始终走在探索数字阅读新模式的前沿，以其敏锐的洞察力和强大的科技实力，积极探索元宇宙场景，开拓阅读新境界。传统阅读模式受限于时间、空间和媒介，难以满足用户多元化、个性化的需求，而元宇宙的出现则打破了这些限制，为阅读带来了全新的体验和价值。

比如，咪咕打造了元宇宙阅读空间——元宇宙书房这一平台，它将虚拟世界与现实世界结合，为用户提供多元化的阅读体验。用户可以在虚拟空间中阅读、交流、互动，参与各类阅读活动，体验更加丰富的阅读内容。可以说，元宇宙书房将阅读体验带入了一个全新的维度。

（1）看：沉浸式视觉盛宴

元宇宙书房利用先进的VR/AR技术，为用户提供了身临其境的视觉体验。走进书房，仿佛步入了一个充满知识的宇宙，书架上的每一本书都栩栩如生，封面在眼前跃动，邀请你翻开它们。不仅如此，书房还能根据你的兴趣推荐书籍，让你在浩瀚的知识海洋中畅游。

（2）听：有声读物的私人图书馆

在元宇宙书房中，听书成为一种奢华的享受。无论是经典文学、专业课程还是儿童故事，都能通过专业配音员的声音，将文字转化为悦耳的声音，陪伴你在任何时间、任何地点享受阅读的乐趣。更重要的是，AI技术的应用使得听书体验更加个性化，可以根据你的喜好调整语速、音色，甚至模拟出不同情境下的声音效果。

（3）读：互动式阅读新体验

元宇宙书房打破了传统阅读的界限，通过互动式阅读，让读者不再只是被动接收信息，而是能够参与到故事中。读者可以与书中的角色对话，影响故事的走向，甚至创作出属于自己的故事篇章。这种沉浸式的互动体验，极大地提升了读者阅读的趣味性和参与感。

（4）购：一键购买，高效便捷

在元宇宙书房中，购买书籍变得前所未有的简单。当你发现一本好书时，只需轻轻一点，即可将其加入收藏或直接购买。此外，书房还提供了丰富的周边商品，如作者签名版、限量版藏书等，来满足收藏爱好者的独特需求。购物体验与阅读体验无缝衔接，让每一次购买都成为一次愉快的旅程。

（5）玩：游戏化阅读

元宇宙书房将阅读与游戏元素巧妙结合，创造出了一系列的寓教于乐的阅读游戏。玩家可以在游戏中解锁新知识，完成任务，获得奖励，甚至与其他读者组队，共同探索知识的奥秘。这种游戏化的阅读方式，不仅激发了孩子们的学习兴趣，也让成年人在忙碌之余找到了放松和充电的新途径。

通过上述五大体验，中国移动元宇宙书房构建了一个集视觉、听觉、互动、购物和娱乐于一体的超级阅读场景。它不仅为读者提供了全方位的阅读享受，还促进了文化知识的传播与交流，形成了一个互联互通的元宇宙阅读生态。

另外，中国移动还推出了"AI+数智人"视频彩铃。这是一项创新服务，结合了人工智能技术和数字智能人（数智人）的概念，为用户提供了更为个性化和互动性强的彩铃体验。传统彩铃通常是指在电话等待接听期间播放的音频铃声，而视频彩铃则是其升级版，它能在呼叫等待期间向拨打方展示一段短视频。

用户可以根据自己的喜好选择或定制数智人形象，这些数智人可能是虚拟人物，能够展示不同的动作、表情和背景，从而在呼叫等待期间给对方呈现一个生动的视频画面。

中国移动的这项服务也体现了对元宇宙概念的探索，数智人可能被视为用户在虚拟世界中的化身，能够跨越现实与虚拟的界限，为用户提供一个全新的自我表达方式。

中国移动咪咕在元宇宙场景方面的探索为数字阅读市场的发展开辟了新的路径，为用户提供了全新的阅读体验。未来，咪咕将继续深耕元宇宙场景，不断提升用户体验，为用户创造更多价值，引领数字阅读市场的发展。

第七章
场景互联：开启新营销的未来之门

场景互联不仅是技术的集成应用，更代表一种全新的思维方式，以及一种将品牌、产品与消费者的生活场景无缝连接的策略。在这个万物互联的时代，这种新型的营销策略能让每一个场景都成为品牌的触点，每一次交互都可能转化为价值的传递，并逐步构建起一个以消费者为中心的全渠道营销生态。

1. 新场景营销的三大方向

近年来,消费行为的变革催生了新场景营销的兴起,其场景化、个性化和互动性特点,不仅为企业提供了前所未有的精准触达与高效转化路径,更标志着一场营销革命的序幕已徐徐拉开。未来,随着信息技术的不断进步和用户需求的不断演变,新场景营销将继续深化,并呈现三大发展趋势。

(1)深度连接:提供超个性化体验

深度连接,意味着营销不再局限于传统的广告形式,而是融入人们生活的各个角落,成为一种自然而然的存在。虽然是深度连接,但是它讲究精准而微妙的平衡,也就是"恰到好处",这意味着这种营销活动要既能拨动目标受众的心弦,又不至于造成对受众的侵扰或不适,这是一种高度个性化的艺术。

例如,当你的智能手表提醒你该休息了的时候,会顺便推荐一款适合的瑜伽课程给你;当你在社交媒体上分享旅行照片时,会自动获得当地特色美食的推荐。

要做到这一点,需要商家具备高度的情境感知能力,以及对用户心理的深刻洞察。它需要借助先进的数据分析和人工智能技术,来实现对用户需求的精准捕捉,还需要品牌展现出人文关怀的一面,让每一次互动都充满温度和意义。

未来，品牌不仅要成为产品和服务的提供者，更要成为用户生活中的伙伴，懂得倾听，善于观察，能够在恰当的时刻给予用户所需要的服务和产品，无论是实用的帮助还是情感的支持——这种一对一的"深度"连接，能让每一次消费都成为一次专属的、难忘的经历。

（2）场景爆破：瞬间引爆用户情绪

场景爆破是新场景营销未来的一个重要方向，其本质是通过精心设计和营造特定场景，引发用户的情感共鸣，进而形成强烈的品牌记忆。这种营销策略的核心在于"爆破"，即在短时间内集中释放能量以达到引人注目的效果。

场景爆破的首要工作，是寻找那些能触动人心弦的情感触发点。例如，一部展现家庭温馨与成长的短片，可以在母亲节期间引爆无数人的情感，因为它触及了亲情这一普遍而深刻的情感主题。

找到情感触发点后，接下来就是如何在特定场景中创造出令人难忘的时刻。这往往需要创新的思维和卓越的执行能力。比如，一场结合 AR 技术的户外广告，可以让用户在现实世界中体验到虚拟世界的奇妙。这种前所未有的互动体验，无疑会在用户心中留下深刻的印象，成为他们与朋友分享的谈资。

场景爆破的最终目标，是通过瞬间的情感爆发，构建起品牌与用户之间的情感连接。这种连接，不同于简单的认知，它能更深层次地触及用户的情感层面，形成一种情感上的依赖和认同。

未来，在场景营销中，为了带给用户更多奇特的感觉，品牌将扮演情感建筑师的角色，用真心、创意和技术，构建一座座连接人心的桥梁，突破时间与空间的界限，书写出更多感人至深的故事。

（3）价值共创：用户不再是路人乙

未来的场景营销，不再是单向的信息传递，而是企业和用户之间的双向互动，甚至是二者多向共创的过程。品牌鼓励用户参与产品设计、内容创作，甚至构建品牌故事，让每个人都成为品牌故事的一部分。这种共创价值模式，不仅能够激发用户的创造力和归属感，还能促进品牌与用户之间的情感联系，形成强大的社区效应。

价值共创的核心理念在于，将用户的智慧和创造力纳入品牌创新的各个环节。无论是产品设计、功能迭代，还是营销策略的制定，品牌都将邀请用户深度参与，倾听他们的声音，吸收他们的灵感。在这种模式下的产品和服务更贴近用户的真实需求，也更能激发用户的使用热情和分享欲。

例如，某智能手机品牌推出了一款面向年轻用户的手机，设计之初便邀请目标用户群体参与讨论，收集他们对于外观、性能、附加功能的意见和建议。最终，这款手机不仅在外观设计上融入了年轻人喜爱的潮流元素，还在软件功能上加入了年轻用户特别看重的个性化定制选项，赢得了市场的热烈反响。

总之，在价值共创过程中，品牌不再只是产品和服务的提供者，也是用户成长的伙伴、共创价值的合作者。而用户也不再是旁观者，而是品牌故事的创造者、品牌价值的传播者。

随着大数据、人工智能、物联网等技术的不断进步，新场景营销的这三个方向将相互融合，形成更为复杂而精细的营销生态系统。品牌需要不断学习和适应这些变化，才能在未来的竞争中占据有利地位，在实现营销目标的同时，也为消费者带来更加个性化、智能化和愉悦的购物体验。

2. 从单点突破到多维互动

未来的场景营销将不再局限于单点突破，而是整合线上线下资源，构建多维互动场景，即品牌可以通过线下实体店、线上直播、社交媒体互动等多种形式，打造全方位、多层次的场景体验，让用户在不同的场景中感受到品牌的价值，以实现更加精准、高效、有温度的品牌传播。

（1）线上线下联动，构建"全景"体验

传统场景营销往往局限于线下实体场景，缺乏线上联动，难以全方位触达消费者。未来，场景营销将打破线上线下的界限，通过线上线下联动，打造"线上预约、线下体验、线上分享"的闭环体验。例如，品牌可以通过线上平台进行产品预约，线下体验店提供沉浸式的场景体验，最后引导用户在社交媒体平台分享体验感受。

具体来说，构建线上线下联动的"全景"体验主要体现在以下三个方面：

第一，线上引流，线下体验。首先通过线上平台发布活动预告、优惠信息，吸引消费者参与，其次引导他们前往线下店体验场景，参与互动体验，如虚拟现实体验、AR互动游戏等，提升消费者的参与度和对品牌记忆度。

第二，线下互动，线上延展。在线下场景中，通过互动装置、游戏等形式收集用户数据，并将数据与线上平台进行整合，实现用户画像分析和个性化推荐。同时，鼓励用户在社交平台分享体验感受，进行线上口碑传播，扩大品牌影响力。

第三，线上线下联动，构建闭环。例如，线下实体店可以利用小程序进行线上预约、线上支付，提升消费者购物体验。同时，线上平台可以通过直播、短视频等形式，对线下活动进行实时直播，让消费者在线上也能感受到活动现场氛围，并进行实时互动，实现线上线下联动，形成完整的闭环。

（2）打破单一维度，创建多维互动场景

过去，场景营销往往只关注单一的场景，缺乏多维度互动体验，难以吸引消费者持续关注。未来的场景营销将打破传统营销中单一、静态的场景限制，转向更加丰富、多元和动态的互动体验空间。在这个全新的营销模式中，品牌不再仅仅是向消费者传递信息，而是通过多维度的感官刺激和情感连接，创造出一个让消费者完全沉浸其中的世界。

首先，融合多种感官体验。除了视觉、听觉上的刺激，未来的场景营销将更加注重触觉、嗅觉、味觉等感官体验，如通过香味营造品牌氛围，通过触感提升产品质感，通过味觉体验品牌文化等，从而创造出更加真实的沉浸式体验。

其次，结合多元化互动形式。未来的场景营销将不再局限于传统的互动形式，而是结合 AR、VR、AI 等技术，打造更加智能化、个性化的互动体验。如通过 AR 技术，将虚拟元素融入现实场景，实现场景互动；通过 VR 技术，打造沉浸式的虚拟体验，让消费者身临其境；通过 AI 技术，实现智能化的个性推荐，满足消费者的多样化需求。

最后，融入情感元素。未来的场景营销将更加注重情感的传递，通过故事、音乐、艺术等形式，将品牌价值观融入场景体验，与消费者产生情感共鸣，与消费者建立更深层次的连接。

总之，未来的场景营销，将不再局限于单点突破，而是要整合线上线下资源，构建多维互动场景。因此，品牌将不再满足于孤立的营销活动或单一渠道的传播，而是着眼于构建一个无缝衔接、全面覆盖的多维互动生态系统。这一生态系统将线上与线下资源深度融合，以消费者为中心，为消费者创造出前所未有的沉浸式体验。

3. 营销场景与用户生活深度融合

在不远的未来，营销场景将不再是孤立的商业行为，而是全面融入我们的日常生活中，成为一种自然而然的交流方式。当技术的边界逐渐模糊，当大数据、人工智能、物联网等前沿科技与社会无缝衔接，营销场景与用户生活的深度融合将成为一种新常态。

这种融合主要体现在三个方面：

（1）营销不再是"打扰"，而是"陪伴"

传统营销"以产品为中心"，将营销信息强加于用户，往往忽略了用户的实际需求和生活场景。未来，营销将"以用户为中心"，通过深度了解用户的日常生活,将产品和服务融入人们的生活场景,实现自然而然的营销效果。

销售场景与用户生活的深度融合意味着营销活动将不再局限于传统的商店、网站或广告,而是遍布于用户的每一个生活空间和时间,从早晨醒来时的智能音箱问候,到通勤路上的个性化新闻推送,再到晚上休息前的智能床垫健康报告,销售场景与用户的日常生活无缝衔接,成为用户生活的一部分。

例如,在用户使用社交媒体时,通过个性化推荐、兴趣标签等方式为用户提供相关的商品或服务;当用户出行时,通过位置信息推送周边商家优惠信息;当用户购物时,通过大数据分析为用户提供个性化的商品推荐。这些营销方式不再是单纯的"打扰",而是以用户需求为导向,为用户提供真正有价值的信息和服务,实现"陪伴式"营销。

(2)用户生活成为营销新战场

在"生活化"营销策略下,品牌不再追求单一的销售目标,而是更加注重与用户建立深层次的情感联系。例如,运动品牌可以与健身App合作,推出定制化的训练计划和健康指导,而不仅仅是卖运动装备、设备;旅游平台可以基于用户过去的旅行记录推送个性化的旅行灵感和实用攻略,而非泛泛的作景点介绍。这要求品牌必须深入了解用户的真实需求和兴趣,通过提供真正有价值的内容和服务,而非进行单纯的产品推销,来赢得用户的信任和忠诚——只有那些能够真正融入用户生活,并与用户建立深厚情感连接的品牌,才能在未来的市场竞争中脱颖而出,赢得用户的心。

(3)持续迭代,适应生活节奏

生活节奏的加快和消费偏好的多样化,要求营销策略必须具备高度的灵活性和适应性。未来的营销，将更加注重数据驱动和快速迭代，通过对用户行为的实时分析，品牌将迅速调整营销策略，以适应不断变化的市场需求。同时，品牌需要保持开放的心态，勇于尝试新的营销渠道和形式，如运用直播电商、短视频营销等，来满足不同用户群体的多元化需求。

未来的场景互联，将是科技与人文的完美结合，是品牌与用户生活的深度融合。在这个全新的营销纪元中，品牌需要不断创新，倾听用户的声音，理解用户的需求，才能在瞬息万变的市场环境中立于不败之地。

4. 场景服务化：实现从"产品"到"方案"的转变

近年来，随着信息化的快速发展，以及人们消费需求的不断升级，产品形态正在发生深刻的变革。单一的产品销售已经难以满足市场需求，企业需要从"产品"转向"方案"的提供，通过整合各类资源，为客户提供涵盖产品、服务、运营等全方位的解决方案。这一转变被称为"场景服务化"。

"场景服务化"的核心在于，企业不再局限于产品本身，而是将目光聚焦在客户的实际需求及其所面临的痛点和难题上。通过深入研究客户的业务场景，企业可以洞察客户的潜在需求，并为用户提供定制化的解决方案。这种解决方案不仅包括产品本身，还涵盖相关服务、运营支持等全方位内容，力求给客户创造最多的价值。

具体来说，从"产品"到"方案"的转变主要体现在以下几个方面：

（1）从单一产品到场景化解决方案

场景营销不再仅仅局限于对单个产品的推广，而是将产品整合进更完整的解决方案中，为用户提供更全面的体验。

以化妆品品牌为例，传统上，它们可能只是通过广告来展示产品的功效，告诉消费者这个产品能做什么。然而，在场景营销的背景下，这个化妆品品牌不再满足于这种简单的广告展示推广方式，开始深入研究消费者的生活，了解他们的需求和渴望，然后打造出一个名为"精致生活"的场景。

在这个场景中，化妆品不再是孤立的，而是与其他产品和服务紧密结合在一起。比如，化妆品牌可以与家居品牌合作，打造出一个充满艺术气息的化妆台；可以与时尚杂志合作，为用户提供专业的化妆技巧和穿搭建议；甚至与可以健身房合作，为用户提供保持肌肤状态的运动方案。这样，消费者在购买化妆品的同时，也获得了一整套与"精致生活"相关的解决方案。

这种场景化的营销方式不仅提升了产品的附加值，更增强了消费者与品牌之间的情感联系。消费者在购买产品的同时，也可以获得一种与自己生活方式相契合的体验。这种体验让消费者对品牌产生了更深的认同感和忠诚度，从而实现品牌与消费者之间的双赢。

（2）从产品功能到用户需求

场景营销注重理解用户在不同场景下的需求，并根据这些需求进行产品设计和推广。以某运动品牌为例，在设计运动服时，该品牌不再只是满足于服装的舒适性和功能性。因为对于运动爱好者来说，运动服不仅仅是穿着的衣物，更是他们追求运动乐趣、展现自我风格的载体。因此，该品牌开始深入研究用户在不同运动场景下的需求。

在健身房锻炼的场景下，用户可能更关注服装的透气性和吸汗性，以确保在剧烈运动时保持干爽舒适。针对这一需求，该品牌推出了采用高科技面料、具有优异透气性和吸汗性的运动服系列，让用户在锻炼时能够享受到最佳的穿着体验。

而在户外运动的场景下，用户可能更看重服装的防风、防雨和保暖性能。为了满足这一需求，该品牌又推出了具备多方面防护性能的运动服系列，让用户在恶劣的天气条件下也能尽情享受户外运动的乐趣。

此外，该运动品牌还关注用户对于个性化、时尚化的追求。品牌发现很多运动爱好者不仅希望运动服具有出色的功能，还希望它能够展现出自己的个性和风格。因此，该运动品牌在设计运动服时，注重融入时尚元素和个性化设计，让用户能够在运动中展现自我，享受与众不同的感觉。

通过深入了解用户在不同场景下的需求，在设计服装时，该运动品牌实现了从产品功能到用户需求的转变，让场景营销成为一种更加人性化、更加贴近用户需求的营销方式。

（3）从产品推广到用户参与

在未来的新场景营销中，传统、单一的产品推广方式已经难以满足消费者的需求。如今，消费者不再仅仅是被动的接受者，他们渴望参与到品牌营销活动中，与品牌建立更深层次的联系。因此，场景营销强调与用户互动，并激发用户的参与感和主动性。

比如，某手机品牌为了更好地推广其新品手机，不再仅仅依赖于传统的广告宣传，而是打造了一个虚拟现实体验店。在这个体验店里，用户可以通过佩戴 VR 设备，进入一个逼真的虚拟场景，亲身体验手机的各种功能和特性。

这种沉浸式的体验方式不仅能让用户对手机有更直观、更深入的了解，还能让他们感受到该手机带来的新鲜感和乐趣。用户在参与体验的过程中，会主动与品牌进行互动，分享自己的感受和体验。这种从产品推广到用户参与的转变，让品牌营销更加人性化、互动化，同时也使得品牌能够更好地了解消费者的需求和喜好，与消费者建立更紧密的联系。

采用"场景服务化"模式，企业需要具备以下三个能力：

第一，深入了解消费者需求。企业要密切关注消费者所处的具体业务场景，洞察消费者面临的实际痛点，充分了解消费者的需求。只有真正了解了消费者的需求，企业才能为用户提供有针对性的解决方案。

第二，提供集成化的解决方案。基于对消费者需求的深入分析，企业需要整合内部资源，构建覆盖产品、服务、运营等全方位的解决方案，满足消费者的综合需求。这需要企业具备强大的跨部门协同能力。

第三，构建生态合作。鉴于现代业务的复杂性，单一企业很难独立提供全面的解决方案。"场景服务化"要求企业构建开放的生态系统，与上下游合作伙伴建立紧密的协作关系，共同为消费者创造价值。

综上所述，"场景服务化"代表了产品服务化的新趋势。它要求企业摒弃单纯的产品销售思维，转而以消费者需求为中心，提供集成化的解决方案，这不仅能为消费者带来更佳的使用体验，也有利于企业提升核心竞争力。

5. 场景营销更注重社交化与口碑传播

如今,传统的大规模广告投放模式和硬性推销策略已逐渐让位于更加细腻、互动的社交化营销模式。品牌与消费者之间的沟通不再是一对多的单向传播,而是形成了一个多对多的社交网络。每个人既是信息的接收者,也是潜在的传播者。

未来,场景营销将更注重社交化与口碑传播,从单纯的沉浸式体验向更深层次的社交共鸣转变,这将是品牌保持竞争力的关键。这一转变的核心在于社交化与口碑传播的力量——它们能够激发消费者的参与热情,促进品牌故事的自发分享,从而在消费者心中建立更加真实、可信的形象。

(1)打破信息壁垒,建立互动桥梁

社交化营销的关键在于打破传统营销的信息壁垒,以社交平台为桥梁,紧密连接品牌与消费者。企业通过这些平台建立直接的沟通渠道,深入洞察消费者的需求和观点,从而进行精准的信息传递。

在内容营销层面,社交平台成为企业展示品牌魅力和产品价值的舞台。通过短视频、直播、图文等多种形式,企业可以生动地展示产品的功能、优势,并与消费者实时互动,激发他们的参与热情。这种互动不仅增加了消费者对品牌的认知，也提升了品牌形象和消费者忠诚度。

"网红"营销则是社交化营销的又一重要策略。借助拥有高粉丝量的"网红"，企业能够迅速扩大品牌的影响力，触达目标用户群体。网红通过其独特的魅力和影响力，将产品信息传递给更多潜在消费者，可以有效提升品牌知名度和市场占有率。

此外，社交媒体广告也是营销中不可或缺的一环。通过利用社交媒体平台的精准广告投放功能，企业可以确保广告信息精准触达目标人群。同时，结合对用户的数据分析，企业可以不断优化广告投放策略，提高广告转化率，实现营销效果的最大化。

（2）通过"信任"传播，实现影响力裂变

品牌影响力的构建与传播不再仅仅依赖于传统的广告轰炸，而是更加注重建立与消费者之间的信任关系。这种信任关系不仅是品牌成功的基石，更是实现品牌影响力裂变的关键。

信任来源于品牌对消费者需求的深刻理解、对产品质量的不懈追求，以及对社会责任的积极担当。消费者感受到品牌的真诚与用心后，便愿意成为品牌的拥趸，并通过自己的社交网络和口碑传播，将这份信任传递给更多的人。

未来，营销将充分利用社交平台，引导消费者自发分享产品信息和使用体验，形成口碑传播效应。例如，通过消费者UGC内容、线上线下活动等方式，鼓励消费者参与互动，并建立消费者社群，打造品牌忠实消费者群体。

消费者通过分享自己的使用体验、参与品牌活动或将品牌推荐给他人，不仅能够增强消费者与品牌之间的情感联系，还能在无形中扩大品牌的影响力。这种影响力在社交网络的传播下，如同裂变般迅速扩散，形成一股强大的品牌力量。

在信息爆炸的时代，消费者越来越理性，他们不再完全相信广告宣传，而是更倾向于依赖对产品质量的认同和口碑传播。未来，场景营销需要重视品牌的质量和口碑传播，构建起品牌信任链，提升品牌影响力。

6. 智能化与自动化深度融合

从过去"推式营销"，到之后的"拉式营销"，再到如今高度个性化的"场景营销"，企业一直在探索更精准、高效、便捷的营销方式。而智能化和自动化技术的迅猛发展，为场景营销注入了新的活力，将推动营销迈向更高效、更精准、更智能的未来。未来，智能化和自动化技术将会深度融入场景营销，为其发展带来全新动力。

（1）AI技术驱动精准营销

人工智能技术，特别是机器学习和深度学习，能够对海量用户数据进行深入分析，构建精准的用户画像。通过分析用户的行为轨迹、消费偏好、社交网络等数据，AI可以识别用户的兴趣点、需求和潜在购买意愿，为场景营销提供精准的受众定位。例如，电商平台可以根据用户的浏览历史和购买记录，推荐个性化的商品，提升用户的购物体验和转化率。

同时，AI还可以通过自然语言处理技术理解用户需求，并生成个性化的营销文案和内容。通过分析用户在社交媒体上的评论、话题等信息，AI 可以预测用户的潜在需求，并提供相应的解决方案和产品推荐。例如，旅行平台可以根据用户的旅行历史和社交媒体上的旅行分享，推荐个性化的旅游路线和酒店住宿。

（2）大数据分析优化营销策略

大数据分析技术可以对用户行为、市场趋势进行实时监测，帮助企业及时了解市场动态、调整营销策略、提高营销效率。例如，通过分析网站流量、用户互动、社交媒体热度等数据，企业可以了解用户对产品的兴趣和需求变化，有针对性地调整营销策略。

另外，大数据分析还可以帮助企业优化资源配置。通过分析不同渠道的营销效果，企业可以识别出最有效的营销渠道，将更多资源投入回报率高的营销渠道，提升营销投入回报率。例如，企业可以根据不同用户群体的特征，制定不同的营销策略，将营销资源分配到最合适的群体，提高营销效率。

（3）自动化流程提高效率

在传统营销模式中，大量重复性的工作占据着营销人员的大量时间，如广告投放、内容生成、数据分析等工作，不仅耗费人力，而且容易出错，影响营销效果，而自动化营销工具的出现，完全改变了这种状况。

比如，广告投放自动化平台可以根据预设目标和用户画像，自动选择合适的广告平台、时间和人群，实现精准投放，使广告效果最大化。内容生成工具则可以根据用户需求自动生成不同类型的内容，从而降低内容创作成本，提高内容产出效率。数据分析工具可以自动收集、整理和分析营销数据，提供清晰的营销效果报告，帮助企业洞察用户行为，优化营销策略。

通过自动化流程，企业能够将人力资源从烦琐的重复性工作中解放出来，专注于更具战略意义的创意策划、客户关系维护等核心工作，从而提高营销效率，实现更高效的营销资源配置。

（4）实时互动增强用户体验

未来，用户对服务体验的要求会越来越高。传统营销模式难以满足用户对个性化、实时化服务的需求。而智能客服、聊天机器人等技术的出现，则为企业提供了与用户实时互动、提供个性化服务的解决方案。

智能客服可以 24 小时在线，实时解答用户疑问，提供产品咨询、售后服务等，这些功能，可以有效解决用户需求，提高用户满意度。聊天机器人则可以根据用户的语言风格和行为习惯，提供个性化的沟通体验，如推荐相关产品、解答用户疑问、提供娱乐互动等，提升用户参与度，与用户建立更深层次的连接。

通过实时互动，企业能够与用户建立更紧密的联系，了解用户的真实需求，及时解决用户的问题，为用户提供更加人性化的服务，赢得用户的信任和忠诚，最终实现品牌价值的提升。

场景营销的智能化与自动化深度融合，是未来营销发展的必然趋势。通过利用人工智能、大数据、自动化等技术，企业能够实现更精准、更个性化、更智能的营销，提高营销效率。

7. 商业生态圈更开放、更互联

在数字时代，商业生态圈正经历前所未有的转型与升级。曾经封闭的市场边界正在逐渐模糊，取而代之的是一个更加开放、互联的全球商业网络。企业不再仅仅局限于利用自身的资源与能力，而是开始寻求跨行业、跨领域的合作伙伴，共同构建一个共生共荣的生态系统。这种转变不仅拓宽了企业的视野，还促进了资源的高效配置与创新的加速发展。

企业要想在这样一个开放互联的商业生态圈中获得竞争优势，构建一个开放的平台显得尤为重要。

（1）开放平台：实现资源共享与能力互补

开放平台是基于互联网技术构建的，它允许不同企业和组织之间进行数据、功能和服务的互联互通。它在本质上是一种开放的合作模式，通过开放 API（应用程序编程接口）接口、数据共享协议以及合作框架，打破了传统企业间的壁垒，实现了资源的整合和能力的共享。

在传统营销模式下，企业往往各自为战，像一座座孤岛，企业之间缺乏有效的资源整合与协同。然而，随着开放平台的出现，这一局面得到了很大改变。开放平台不仅打破了企业之间的封闭壁垒，更为企业实现资源共享和优势互补、异业联盟创造了前所未有的可能。

现在，数据共享已成为开放平台的一大亮点。过去，企业的数据往往被局限在内部，难以发挥更大的价值。现今，通过开放平台，企业可以将内部数据与外部数据进行整合，形成更为全面、精准的用户画像和市场洞察。以电商平台为例，通过开放用户消费数据，商家能够更准确地把握用户的需求和偏好，从而优化营销策略，提升销售效果。

与此同时，能力互补也是开放平台的另一大优势，即通过开放平台，不同的企业可以对各自的优势资源进行整合，形成优势互补的合作关系。比如，物流公司可以与电商平台携手合作，借助电商平台庞大的用户基础和订单量，为客户提供更快速、更便捷的物流服务；而金融机构则可以利用电商平台的数据优势，为用户提供更加精准、个性化的金融服务。

（2）开放API：实现无缝对接和数据互通

API的开放，不仅为企业之间提供了数据和功能的互联互通能力，同时也在更深层次上推动了企业之间的协同与合作。

也就是说，通过开放API，企业能够将自己的核心产品或服务接入开放平台，与其他企业的服务进行无缝对接。这种对接不仅限于简单的数据交换，更包括功能的共享和协同。比如，一家生产型企业可以通过开放API，企业可以将自己的产品信息、库存数据等接入电商平台，利用平台的流量优势和营销手段，快速触达更广泛的消费者群体，从而提高产品销量和品牌影响力。

同时，电商平台也能通过开放API，与物流企业、金融机构等其他企业实现深度合作。例如，电商平台可以开放订单信息、用户收货地址等API接口给物流企业，使物流企业能够实时获取订单数据，进行更高效的配送服务。同时，电商平台还可以与金融机构合作，开放支付接口，为消费者提供更加便捷、安全的支付体验。

基于开放 API 接口的无缝对接和数据互通，不仅优化了企业的营销资源配置，提高了营销效率，更为企业带来了更多商机和价值。未来，随着技术的不断发展和市场环境的不断变化，开放 API 接口将在企业之间的合作中发挥更加重要的作用，从而推动整个商业生态的繁荣和发展。

（3）合作框架：构建共赢的生态体系

未来，在开放平台的构建过程中，一个完善的合作框架是确保不同企业之间能够和谐共生、互利共赢的关键。这一框架不仅为企业之间的合作提供了明确的指导原则，也为企业创造了一个公平竞争的良好环境。

首先，为了确保不同企业之间的数据能够顺畅地互通和共享，需要建立统一的接口标准和数据格式，也就是标准化协议。这不仅能够提高企业之间的协作效率，也能够降低数据交换的成本和复杂度。通过标准化协议，企业可以更加便捷地接入开放平台，实现资源的优化配置和功能的快速集成。

其次，要制定严格的数据安全规范，保障合作框架稳定运行。数据安全协议应该包括数据加密、访问控制、安全审计等方面的内容，这可以确保数据在传输、存储和使用过程中的安全性和可靠性。

最后，要建立合理的利益分配机制。利益分配机制包括确定合作项目的利润分配比例、共同承担风险和成本的方式等。这样，可以确保所有参与者都能从合作中获得收益，实现共赢的局面。

开放平台打破了传统营销的壁垒，促进了企业之间资源共享和能力互补；开放 API（接口），实现了企业间更深层次的协同与合作。这样建立起来的一个完善的合作框架，为企业之间和谐共生、互利共赢提供了保证。未来,随着这三个方面的持续、深入推进,将会推动开放、互联的商业生态圈更加开放、互联,为企业和消费者创造更大的价值。

8. 从全球视角不断解锁本地化场景策略

过去,制定品牌营销策略往往局限于本土市场;如今,全球化视野与本地化策略的深度融合,正成为品牌征服世界的制胜法宝。特别是在全球化浪潮席卷之下,企业纷纷将目光投向海外市场,以寻求更大的发展空间。

然而,不同国家、不同地区之间文化差异很大,单一的全球化策略难以取得理想效果。因此,将全球视野与本地化策略结合起来,打造"场景化营销"的新模式,成为企业破局的关键。

具有全球视角意味着企业要站在一个更高的维度,洞察世界各地的消费趋势,捕捉全球消费者的共性需求。然而,全球视角不等同于"一刀切"的营销策略。相反,它要求企业在把握大局的同时,能够灵活调整营销策略,从不同地区、国家的不同文化背景、消费习惯、生活方式等方面进行深入思考,制定符合当地市场需求的营销策略。

本地化场景策略,就是在这一理念下应运而生的产物。它强调企业在深入了解目标市场文化、习俗和消费习惯的基础上,结合当地特有的场景,开展别具一格的营销活动。这种营销策略不仅能够让消费者在熟悉的场景中感受到品牌的温度，还能有效提升消费者对品牌的认知度和好感度。

抖音（TikTok）作为近年来全球现象级短视频平台，在短短几年内便从中国本土的一个短视频平台，迅速成长为跨越国界的社交巨头，这背后是其精心策划的全球视角与深度本地化营销策略的完美结合，并不断探索新的场景式营销策略，而非简单地复制其在国内的营销模式。

下面以其在美国的发展为例进行简要说明。

美国文化多元，用户群体庞杂，对内容的偏好也各不相同。为了突破传统营销模式的局限，抖音在美国不断尝试新场景，以便更精准地触达用户需求。例如，抖音推出了TikTok Shop电商平台，将短视频内容与购物体验相结合，为用户提供一站式消费服务。通过短视频的生动展示，用户可以快速了解产品信息并购买产品，满足了当代美国消费者即时消费的习惯。

同时，抖音积极探索与不同文化圈层的合作，将品牌植入更具互动性和趣味性的场景中。例如，抖音与美国热门音乐节合作，通过发起挑战赛、直播互动等方式，将品牌融入音乐节的氛围中，吸引了大批年轻用户参与。同时，抖音还与美国知名博主、KOL合作，利用他们的影响力，将品牌信息传递给更广泛的用户群体，实现更精准的场景营销。

为了克服文化差异这一跨境营销面临的难题，抖音积极融入当地文化，创作出了更具吸引力的内容。例如，推出针对当地用户喜爱的可以创作音乐、舞蹈等的创作工具，鼓励用户创作与当地文化相关的短视频。同时，抖音还与美国当地音乐人、舞蹈家合作，制作更具美国特色的短视频，从而吸引更多用户关注。

此外，抖音还将中国文化元素与美国文化相结合，创造出新颖的营销内容，如推出了"中国风挑战赛"，鼓励用户使用中国传统元素进行创作，并配上美国流行音乐，将中国文化以一种更轻松、更有趣的方式传递给美国用户，提升了品牌形象，增进了用户对中国文化的理解和认同。

抖音在国外的成功，缘于其全球视角下的本地化营销策略。抖音以此为基础，构建了独特的场景营销矩阵。

对于进军海外市场的企业、品牌来说，要想从全球视角不断解锁本地化场景策略，需要着重考虑以下几个方面：

（1）深入了解目标市场

对目标市场的文化特点、消费者行为和竞争对手的营销策略进行深入研究，是本地化策略的基础。企业应投入资源进行市场调研，理解当地消费者的需求和偏好，识别市场空缺，为制定精准的本地化策略提供依据。

（2）建立本地化团队

组建由当地员工构成的核心团队，或与当地的 KOL、KOC 建立合作关系。这些人熟悉本土文化和市场动态，能深刻洞察当地市场需求，为企业提供宝贵的意见，帮助企业在营销策略、产品设计和客户服务等方面作出更符合当地市场的决策。

（3）产品和服务本地化

根据目标市场的特定需求，对产品功能、设计和包装进行调整，增加本地元素和特色。例如，食品品牌可以推出符合当地口味的特别版产品；软件公司则应考虑语言支持、支付方式和数据安全等本地化需求，更新产品。

（4）正确选择营销渠道

了解目标市场的媒体消费习惯，选择当地用户最常使用的营销渠道。在某些地区，社交媒体可能是主导平台，而在其他地方，电视广告或户外广告可能是更有效的营销方式。精准的营销渠道选择能够提高营销效率，确保信息准确触达目标群体。

（5）关注当地政策和法规

企业必须熟悉并遵守目标市场的政策和法规，特别是在内容审查、隐私保护和商业实践方面更应熟悉和遵守市场法规。

（6）深度融入当地市场

成功融入本地市场不仅是表面的调整，更需要企业从战略层面做到深度理解和融入本地市场。这包括持续监测本地市场发展变化趋势，灵活调整营销策略，利用科技创新提供无缝的本地化体验，如运用本地化的搜索引擎优化、多语言客户服务等，来满足当地用户的具体需求。

在全球化的浪潮中，企业要想在激烈的国际竞争中占据有利地位，必须构建一套全面的本地化营销策略。这一策略不仅要求企业对全球市场的宏观趋势有敏锐的洞察力，更需要企业在每个细微的本地化场景中深入探索并灵活调整策略，以满足不同地域、不同文化消费者的独特需求。

第八章
场景安全：构建可信赖的营销生态

随着营销边界的日益模糊，虚拟与现实的无缝交织、线上与线下的深度融合，场景安全问题也日益凸显。因此，在新场景营销中，企业需深入剖析营销生态中可能存在的隐患，全方位构建一个安全、透明、负责任的营销生态。

1. 隐私保护：用户信息的加密与匿名化处理

企业通过收集和分析用户数据，可以精准地进行用户画像、产品推荐、广告投放等，从而实现精准营销和个性化服务。然而，随着数据隐私问题日益受到关注，用户对数据安全和隐私的保护要求也越来越高。

数据泄露不仅对企业造成严重的财务损失，损害品牌信誉，而且对个人用户而言，其影响后果可能更为深远。一旦敏感信息如银行账户、身份证号或医疗记录落入不法分子手中，可能会引发身份盗窃、金融诈骗、网络钓鱼攻击等一系列安全问题。

特别是在营销活动中，如果未经用户明确同意就收集、分析或共享其数据，尤其是涉及敏感信息时，会构成对个人隐私的侵犯。这种行为可能包括对用户行为的过度监控、基于偏见的决策或不公平的市场细分，最终损害用户的自主权和公平交易的权利。例如，在某些情况下，算法可能无意中放大社会偏见，导致对特定群体的歧视。因此，企业要特别注重用户隐私的保护。

（1）对用户信息加密

加密技术是保护数据安全的核心技术之一，它通过对数据进行变换，使其变得不可读，从而防止未经授权的访问和使用。在营销场景中，加密技术可以有效保护用户数据的机密性，确保用户隐私得到保障。

加密技术主要分为对称加密和非对称加密两种。对称加密使用同一个密钥进行加密和解密，速度快，适用于大数据量的加密，如数据库存储加密；非对称加密使用公钥加密和私钥解密，安全性更高，适用于数据传输加密，如 SSL/TLS 协议。

在营销场景中，加密技术主要应用于以下三个方面：

一是应用于用户数据存储加密。当用户数据存储在服务器上时，采用加密存储是必不可少的。这通常涉及使用强大的加密算法，如 AES（Advanced Encryption Standard）或 RSA，对数据进行加密。这意味着即使数据库遭受攻击，攻击者也无法直接访问可读的用户信息，如个人资料、支付详情或通信记录等。加密密钥必须安全地保管，通常使用密钥管理系统来实现这一点，确保只有授权的系统组件才能解密数据。

二是应用于数据传输加密。在数据从用户设备传输到服务器，或在不同服务器之间传输的过程中，加密同样至关重要。HTTPS（Hyper Text Transfer Protocol over Secure Socket Layer）在 HTTP 的基础上增加了 SSL/TLS 层，用于加密网络通信，是一种广泛存在的安全协议。它不仅能够保护数据免遭中间人攻击，防止数据被监听或篡改，同时可验证通信双方的身份，确保数据的完整性。

三是应用于用户身份验证加密。密码是最常见的身份验证方式之一，但明文存储密码极度危险。现代安全实践要求使用哈希函数（如 SHA-256 或 bcrypt）对密码进行单向加密，这样即使数据库被攻破，攻击者也无法轻易还原原始密码。更进一步，许多系统还会添加"盐"值，即随机字符串，与密码一起进行哈希计算，增加破解密码的难度，防止彩虹表攻击。

同时，实现双因素认证或多因素认证，可以提供额外的安全层，确保即使密码泄露，攻击者也无法轻易登录账户。

结合这些加密技术，企业能够构建一个全面的数据保护体系，有效地抵御外部威胁，遵守数据隐私法规，保护用户权益。

（2）匿名化处理

匿名化处理是指将数据中包含用户个人身份信息的部分进行替换或删除，从而使数据无法识别到特定个人，达到保护用户隐私的目的。在营销场景中，匿名化处理，可以使企业在进行数据分析和模型训练时，不涉及用户个人信息，从而降低隐私暴露风险。

匿名化处理常用的技术方法主要有以下三种：

一是数据泛化。数据泛化是一种将精确数据转换为更粗粒度信息的技术，目的是减少数据集中的细节，从而保护个人隐私。例如，将具体的年龄值"28岁"泛化为年龄段"25—30岁"。这种处理方式使得攻击者即便获得了用户的数据，也难以将数据与特定个体关联起来。泛化不仅可以应用于数值型数据，也可以应用于类别型数据，如将城市名称泛化为地区或国家名称。例如，将"上海市"泛化为"华东地区"等。

二是数据替换。数据替换是指在数据集中用随机值或伪造值替代真实的敏感信息。这种技术通常用于测试环境，以保证在开发和测试过程中不会泄露真实数据。例如，银行在进行软件开发测试时，需要使用客户交易数据。为了避免泄露真实客户的个人信息，银行会使用数据替换技术，将真实的账号、姓名和交易金额替换为随机生成的等效数据。这样，数据开发人员可以使用看似真实的交易数据进行测试，而无须担心泄露客户隐私。

三是数据脱敏。数据脱敏，即从数据集中删除或屏蔽可以直接或间接识别个人的信息要素，如姓名、地址、电话号码等。这种技术旨在确保处理后的数据不再包含可以唯一标识个人的属性，从而降低数据泄露后对个人造成伤害的风险。数据脱敏可以是完全删除敏感字段，也可以是部分屏蔽敏感字段，比如只显示电话号码的最后四位等。

在实际操作中，选择合适的数据隐私保护技术需要考虑数据的类型、用途、敏感程度以及适用的隐私保护标准。

加密和匿名化处理是保护用户隐私的有效技术手段，在营销场景中具有广泛的应用价值。通过采用这些技术，企业可以有效地规避或降低数据泄漏风险，保护用户隐私，也可以利用数据对用户进行分析和洞察，实现精准营销和个性化服务。

2. 数据安全：构建全方位的信息防护措施

营销活动中的客户数据、行为分析以及个性化推荐等环节，无一不涉及海量的敏感信息。一旦这些数据遭到泄露或滥用，不仅会对企业声誉造成巨大影响，更可能触犯法律红线，引发严重的信任危机。

某电商平台曾遭遇了一次严重的数据泄露事件，震惊业界。该平台拥有上百万名活跃用户，每天都要处理海量的交易数据和个人信息。此次数据泄露事件的直接原因在于平台的数据库配置中存在一个关键的安全漏洞——一个包含用户敏感信息的数据库被错误地设置为公开访问模式，这意味着互联网上的任何用户都可以无须授权就直接访问其中的数据。这一配置错误本应被公司的安全审查流程及时发现并纠正，但由于该公司在流程中的疏漏和对安全配置的重要性认识不足，使得这一隐患未能得到及时处理。

此次数据泄露涉及的用户数据量庞大，包括用户的姓名、家庭住址、电话号码、电子邮箱、部分交易记录甚至是部分用户的支付卡信息片段等，都被泄露了。这些敏感信息的泄露，不仅严重侵犯了用户的隐私权，还可能被不法分子用于诈骗、身份盗用等非法活动，给用户造成直接的经济损失和精神困扰。

事件曝光后，该电商平台的用户信任度急剧下滑，许多用户表达了对该电商平台的强烈的不满和担忧，纷纷要求平台给出合理解释和解决方案。电商平台的声誉受到了重创，投资者信心受挫。此外，由于未能妥善保护用户数据，该电商平台还面临高额罚款和法律诉讼。

数据安全是企业数字化转型的基石，尤其是在营销场景中，数据安全更是企业发展和生存的关键。采取全方位的信息防护措施，不仅可以保障企业数据安全，还可以提升用户信任度，维护企业信誉。

具体而言，构建全方位的信息防护机制，可以从以下三个方面入手：

（1）建立数据安全管理制度

明确数据安全责任、权限管理、数据加密、备份恢复等方面的规定，并定期进行评估和更新。比如，通过设立数据安全官（DSO），确保有专人负责监督数据安全政策的执行和更新。DSO 与各个部门负责人紧密合作，确保数据安全责任落实到每个岗位。在权限管理方面，可采用"最小权限"原则,即员工只能访问完成其工作所需的数据,以此来降低数据泄露的风险。

与此同时,可以采用先进的数据加密技术,对敏感数据进行加密存储和传输。这样,即便是数据被非法访问,也无法被轻易解读。此外,应建立数据备份和恢复流程。定期进行数据备份,并在数据中心之外的多个地理位置存储备份数据,确保在任何情况下都能快速恢复业务。

(2)实施数据安全分级制度

按照数据敏感程度进行分类管理,对核心数据进行重点保护,提高数据安全管理的针对性和有效性。根据数据的敏感程度和对企业的影响,可以将数据分为多个级别,如公开数据、内部数据、敏感数据和机密数据等。公开数据可以广泛分享;内部数据则仅限企业内部使用,但访问相对宽松;敏感数据(如客户个人信息和财务数据)必须受到严格访问控制;机密数据是企业核心知识产权和商业秘密,仅限极少数授权人员访问。通过这种分级管理,企业能够更加精准地控制数据访问,减少对公开数据的过度保护,实现数据安全与数据运用效率的平衡。

(3)建立数据安全审计机制

为确保数据安全措施的有效和持续改进,需要建立定期数据安全审计机制。可由专业的内部审计团队和外部安全专家组成的审计小组,每季度对数据安全措施进行全面审查,包括审查数据访问日志、数据加密标准、备份和恢复流程等。审计报告直接提交给董事会,确保高层管理者对数据安全状况有清晰的认识。对于审计中发现的问题,企业应立即采取行动进行整改,并将整改结果纳入下一轮审计的重点关注对象,形成闭环的持续改进机制。

通过上述措施，企业可以有效保护企业及客户数据，提升客户信任度。更重要的是，这一系列数据安全管理实践，可以确保数据流动过程中的合规性和安全性。

3. 交易安全：筑牢在线支付的防线

如今，线上交易已成为常态，无论是电子商务、在线服务还是数字营销，每一次点击背后都承载着消费者对品牌的信任。特别是营销场景的不断演变，为线上支付带来了巨大的机遇。例如，直播带货、社交电商、小程序等新兴模式的崛起，催生了更加多元化的支付场景，也为用户提供了更便捷的购物体验。然而，随着营销场景的复杂化，也使安全风险增加了。

比如，恶意用户利用各种手段伪造身份、制造虚假交易，来获取非法利益；一些恶意网站或应用程序会诱骗用户填写个人信息，然后将用户数据出售给不法分子；移动支付系统的漏洞可能被利用来盗取用户账户资金；等等。

面对交易安全问题，企业需要从多个维度进行主动防范，构建多层次的安全屏障。

（1）强化身份验证

传统的单一密码验证方式容易被暴力破解或通过社交工程学手段获

取，这促使企业转向更为安全的多因素认证（MFA）方案。MFA要求用户提供两种或两种以上的验证信息，常见的组合包括以下三种：

一是密码+短信验证码。用户在输入密码后，还需输入发送到手机的动态验证码，确保只有合法持有者才能访问账户。

二是密码+生物识别。结合面部识别、指纹识别等生物特征，即使密码泄露，攻击者也难以复制用户的生物特征。

三是硬件令牌+密码。使用物理设备（如USB密钥）生成一次性密码，结合传统密码使用，可以提高安全性。

比如，某网上银行在其移动应用中引入了指纹识别和面部识别功能，将其与传统密码结合，为用户提供了更加便捷、安全的登录方式。这种生物识别技术的应用，极大地降低了账户被冒用的风险，提升了用户体验。

（2）加密技术升级

数据加密是保护在线支付信息不被窃取的关键技术。SSL（Secure Sockets Layer）和TLS（Transport Layer Security）是目前被广泛使用的加密通信协议，它们能够在客户端和服务器之间建立安全通道，对传输的数据进行加密，即使数据在传输过程中被截获，攻击者也无法解读信息内容。

比如，某知名在线零售商在升级其支付系统时，采用了最新的TLS 1.3协议，采取了比以往版本更强的数据加密措施和更快的连接速度。这次升级不仅增强了支付过程的安全性，还优化了用户体验，赢得了用户的一致好评。

（3）风险评估与监控

有一家金融科技公司开发了一套基于人工智能的风险评估系统，该系统能够根据用户的行为模式、地理位置、设备信息等多种因素实时判断交易的风险等级。在系统上线后的几个月内,就成功拦截了多起试图进行大规模欺诈的攻击,保护了用户的资金安全,同时也为公司减少了巨额的潜在损失。

像这家公司一样,企业可以利用一些先进技术建立风险评估模型,实时监控交易行为,识别异常支付模式,提前预警潜在的欺诈风险。通过分析历史交易数据,系统可以学习正常的交易模式,当检测到偏离常规的交易时,立即触发警报,对交易进行人工审核或自动拦截。

(4)用户教育与意识提升

除了技术层面的防护,提高用户自身的网络安全意识同样重要。企业应定期向用户普及网络安全知识,包括如何设置强密码、识别钓鱼网站、避免在公共网络上进行敏感操作等,引导用户养成良好的网络安全习惯。比如,某电商平台在每年的"网络安全宣传周"期间都会推出一系列用户教育活动,包括线上讲座、安全知识问答、模拟钓鱼邮件测试等,旨在增强用户的防范意识。这些活动不仅增强了用户的安全意识,还加深了用户与平台之间的信任,提升了品牌形象。

通过综合应用上述措施,企业能够有效提升在线支付的安全性,为用户创造一个更加安全、可靠的交易环境。在数字化时代,只有不断强化支付安全防护,才能赢得用户的信任,促进业务的健康发展。

4. 欺诈防范：做营销场景安全的守护者

随着营销场景变得越发多元化、复杂化，欺诈风险也跟着不断攀升。从流量劫持、虚假交易到刷单作弊，各类欺诈手段层出不穷，对企业营销活动带来了很大的负面影响，给一些企业造成了不小的损失，同时严重损害了用户体验，损害了企业品牌形象。

比如，一些不法分子利用爬虫技术批量注册虚假账号进行刷单，利用深度学习技术生成逼真的虚假用户画像，甚至利用社工手段获取用户敏感信息进行欺诈。又如，有人利用直播平台的流量优势进行虚假带货，利用短视频平台的传播特性进行虚假广告推广等。

这些不断变化的欺诈手段给企业防范欺诈带来了新的挑战。可见，如何平衡用户隐私保护和营销场景安全，是企业在进行新场景营销时必须面对的现实问题。为了做好营销场景安全的守护者，企业需要构建一个有效的防欺诈的防范体系。

（1）行为分析与异常检测

智能系统通过收集用户在各种场景下的行为数据（包括交易时间、地点、金额、频率、设备类型等），构建一个全面的行为画像。这一行为画像反映了用户的消费习惯、生活方式和偏好，成为后续异常检测的基础。

比如，某家银行利用智能系统分析持卡人的日常消费模式，发现一位用户通常在工作日的午餐时间在附近餐厅消费，周末则在超市进行大额购物。通过长时间的数据积累，系统能够准确描绘出这位用户的"日常行为基线"。一旦智能系统检测到与该用户的日常行为基线显著"偏离的行为"，就会触发警报，提示可能存在欺诈风险。这些"偏离的行为"可能表现为：突然在不同寻常的时间或地点进行大额交易；与用户平时的消费水平相比，突然出现巨额支出或收入；用户突然开始频繁购买高价产品，而之前并无此类消费记录；等等。

当然，智能系统并非静止不变，而是通过机器学习算法，从每一次异常事件中学习，不断提升识别准确率。系统会定期更新模型，以了解新的欺诈手法，适应变化了的市场环境，确保欺诈行为无所遁形。

（2）实时交易监控与风险评分

智能系统通过集成海量数据源，包括历史交易记录、用户行为模式、地理位置信息、设备特征等，能够对每一笔交易进行多维度分析。这种综合性的视角使得系统不仅能识别出单一交易的风险，还能捕捉到跨交易、跨用户的复杂欺诈模式。

比如，某领先的在线支付平台引入了实时交易监控系统，该系统集成了用户身份验证、交易上下文分析、历史行为比对等功能。每当一笔新交易发生时，系统会迅速评估交易风险的等级，考虑的因素包括：异常高的交易额或与用户过往行为不符的支出；短时间内相距甚远的不同地点发生的交易；使用非常用设备或从未知网络发起的交易请求；突然增多的交易数量，或与用户常规操作不符的模式；等等。

基于上述分析，智能系统会给每一笔交易分配一个风险评分，这一评分反映了交易潜在欺诈可能性的大小。低风险交易得以快速通过，从而保证大多数用户的支付体验；而高风险交易则被标记出来，进入下一步审查流程。

（3）社交网络分析

通常，欺诈行为不是单个账户的孤立活动，而是隐藏在一系列精心设计的账户网络之中。通过社交网络分析技术，企业能够透过表面现象，看到多个账户之间的隐秘联系，从而识别出潜在的欺诈团伙。

社交网络分析技术利用图论原理，将账户之间的资金流转、信息交流等交互行为转化为可视化的网络图谱。通过分析节点（账户）之间的连接强度、聚集程度以及信息流出的方向，系统能够识别出异常的集群或模式，这些往往预示着背后的欺诈行为。

比如，一家电商平台在处理大量交易数据的过程中，注意到了一些不寻常的模式。从表面上看，这些交易模式似乎是由独立的买家和卖家完成的，但实际上，智能系统通过社交网络分析发现，这些账户之间存在着频繁且规律的资金往来，形成了一个封闭的循环交易网络。进一步调查显示，这个交易网络实际上是通过虚假交易来洗钱的一种手段。

社交网络分析技术不仅为企业内部的欺诈检测提供了有力工具，也为与执法机构的合作开辟了新途径。

（4）机器学习与持续学习

在不断演变的欺诈手法面前，传统的静态规则和模式识别方法已经力不从心。智能识别系统通过整合机器学习技术，特别是深度学习算法，能够从海量数据中自动提取特征，学习欺诈行为的模式，并随着时间和经验的积累，不断优化自身，提升识别准确率。

机器学习算法，尤其是深度学习，利用神经网络架构模仿人脑的学习过程，能够自动从数据中发现隐藏的模式和关联，而无须人为设定规则。这意味着，当系统接收到新的欺诈案例时，不仅能够识别出这些案例，还能从中学习到新的欺诈特征，从而不断调整和优化其识别模型。

比如，某电信运营商研发了一套可深度学习的反欺诈系统，通过分析数百万份通话记录，自动识别异常通话模式，如短时间内高频次的国际长途通话、未注册设备的呼叫等。随着系统的运行，它不断地从每一次异常事件中学习，不仅提高了识别异常通话的效率，还能够预测出未来可能出现的新型欺诈手段。这使得运营商能够提前布局，采取更有效的预防措施，如加强对用户的安全教育、优化账户验证流程等。

除此之外，要注重人机的协作。虽然智能系统在自动化识别和预防欺诈方面表现出色，但人工特别是专家的介入仍至关重要。为系统检测到可疑活动时，会将相关信息提交给专业团队进行人工复核，确保决策的准确性和公正性。

综上所述，通过融合大数据分析、机器学习、人工智能算法等前沿技术，智能识别与预防机制能够实现对潜在欺诈行为的实时监控与精准定位，从而对欺诈行为进行预警，有效遏制欺诈风险扩散。这种能力极大地提升了企业和机构对抗欺诈的敏捷性和准确性，使得防范欺诈手段更加智能化、个性化。

5.库存安全：供应链场景下的智能化预测

库存管理作为供应链的核心环节，其优劣直接影响企业的运营成本、客户满意度和市场竞争力。传统库存管理模式往往依赖经验和人工判断，难以应对快速变化的市场需求和复杂多变的供应链环境。

一方面，消费者需求呈现多样化和个性化趋势，导致商品种类繁多，库存周转率低，库存积压风险增加。另一方面，市场竞争日益激烈，产品生命周期缩短，对库存管理的快速响应能力提出了更高要求。因此，经常会出现这样的问题：对市场需求预测不准，导致库存积压，占用资金，增加仓储成本；缺货率高，影响客户满意度，造成销售损失；库存周转率低，降低了资金利用效率；库存管理依赖人工操作，效率低下，难以满足快速变化的市场需求。

为了库存管理安全、高效，在新场景营销模式下，企业需要引入智能化预测技术，构建高效、智能的库存管理体系。智能化预测技术利用机器学习、深度学习等人工智能技术，从历史数据、市场趋势、竞争对手等多方面进行分析，预测未来的客户需求，并优化库存策略，提升供应链韧性，从而有效解决传统库存管理模式的痛点。

（1）建立需求预测模型

智能化预测的核心在于准确预测未来的需求量，这需要借助历史销售数据、市场趋势、季节性波动、促销活动等多维数据，构建预测模型。机器学习算法，如时间序列分析、自回归整合移动平均模型（ARIMA）、Facebook开发的一个时间序列预测模型（Prophet）等，能够从历史数据中学习需求模式，预测未来的销售趋势。

比如，某国际快消品公司在供应链优化项目中，采用了基于机器学习的预测模型，结合分析历史销售数据、天气预报、节假日信息等外部数据源，实现了对未来一年内各产品线销售量的精准预测。这一预测模型不仅减少了库存积压，还有效避免了缺货风险，提升了供应链的整体响应速度和客户满意度。

（2）采用动态库存策略

智能化预测系统通过整合历史销售数据、市场趋势、经济指标、天气预报等多种因素，运用机器学习算法，能够提供精准的短期和长期需求预测。比如，京东利用大数据和人工智能技术，建立了智能库存预测系统。通过分析历史订单、用户行为、商品信息等数据，预测系统能够准确预测商品需求量，优化库存策略，从而有效降低库存积压率，提高库存周转率。

通常，基于预测结果，企业可以制定出更为精细和灵活的动态库存策略，主要体现在以下三个方面：

一是补货点的智能调整。预测模型能够识别需求高峰期和低谷期的周期性特征，从而动态设定补货点，确保在需求上升期前完成补货，避免断货风险，同时在需求下降期减少补货频率，防止库存积压。

二是安全库存的优化。对于高需求波动性的产品，系统会建议提高安全库存水平，应对突发需求增长；而对于需求稳定或下降的产品，则降低安全库存，减少不必要的仓储成本。

三是库存再平衡。预测模型还能指导企业进行库存的跨区域调配，将过剩库存转移到需求旺盛的地区，提高库存利用率，减少滞销损失。

（3）供应链协同

智能化预测不仅局限于企业内部，还可以扩展至整个供应链，实现上下游协同。通过与供应商、分销商共享预测数据，可以提前规划生产、运输等环节，减少供应链中的不确定性，缩短响应时间。例如，在预测到即将到来的销售旺季时，供应商可以提前增加原材料的采购量，制造商则相应调整生产节奏，确保在需求高峰期有足够的产品供应，避免缺货风险。同时，通过预测分析，企业还能识别潜在的供应链瓶颈，如关键部件短缺、物流延迟等，从而提前采取措施解决问题，缩短响应时间，提升供应链的韧性和灵活性。

例如，在一次大型促销活动前，某汽车零部件供应商通过智能化预测系统，准确预估了促销期间零部件需求激增的情况。基于此项预测，供应商与整车制造商共同制订了紧急生产计划，增加了临时生产线，确保了促销活动期间零部件的充足供应，避免了生产线不足的风险，同时也减少了后续的库存积压，实现了供需的高效匹配。

智能化预测与供应链协同的结合，为企业构建了一个更加灵活、高效和可以抗风险的供应链生态系统。通过这一模式，企业可以灵活应对市场变化。

智能化预测技术的应用为库存管理带来了革命性的变化，有效提升了库存管理的效率、精度和灵活性。未来,结合物联网、区块链等技术,企业将会实现更加智能化的库存管理,并进一步提升供应链效率和安全性。

6. 危机应对:场景模拟下的公关策略调整

近年来,网络攻击事件频发,企业网站、社交平台、电商平台等都可能成为攻击目标,导致数据泄露、信息失真、系统瘫痪等问题,严重影响了用户体验和品牌形象。加之互联网信息传播速度快,虚假信息、负面评论、谣言等容易泛滥,给企业的品牌声誉带来了巨大风险。

为了有效应对营销场景安全危机,企业需要提前进行场景模拟,制定应对策略。假设一家饮料公司 A,在社交媒体上被曝光其一款饮料中含有未在标签上明确标注的过敏原成分,引发了消费者的强烈不满和对健康安全的担忧。这一消息迅速在各大社交媒体平台上传播,对该公司的品牌声誉造成了严重冲击。

此时,公司 A 需做好场景模拟与公关策略调整,即要预先识别和评估潜在的危机,并能够在安全的环境中测试和调整应对策略,确保在真正的危机来临时,能够迅速采取有效行动,最大限度地减轻信任危机对公司的影响,维护品牌声誉。

比如,在模拟中,公司的公关团队首先识别了此次危机的性质(健康安全危机),而后评估了此次危机的潜在影响范围和严重程度,包括对消费者健康、品牌声誉、销售业绩和法律风险的影响等。基于危机评估，公关团队制订了初步的应对计划，包括发布公开声明、承认错误、表达歉意，并承诺进行彻底调查；启动召回程序，确保市场上所有含有未标注过敏原成分的产品都被回收；建立专门的客服热线，为受影响的消费者提供咨询；联系权威的第三方检测机构，对产品进行全面的安全性评估；等等。

在场景模拟中，公关团队设想了危机的几种可能发展情况，诸如：消费者对公司的回应感到满意，危机逐渐平息；消费者反应激烈，社交媒体上出现了大量负面评论和抵制活动；法律诉讼风险增加，有消费者或消费者权益组织提起集体诉讼；等等。

基于模拟的上述不同情况，公关团队调整了公关策略，准备了多种应对方案。如果消费者反应较为温和，就要继续执行初步计划，并加强正面信息的传播，重建消费者信任；如果消费者反应强烈，就要增加透明度，邀请消费者参与监督召回过程，同时提供赔偿方案，包括退款、产品替换和健康检查服务；如果发生法律诉讼，就与法律顾问紧密合作，准备充分的法律应对策略，同时主动与消费者沟通，寻求和解机会，减少法律风险。

通过对各种危机场景的模拟，包括媒体采访、社交媒体互动、内部沟通等，可以有效检验应对计划的实际效果。演练结束后，团队成员可以进行复盘讨论，收集反馈，进一步优化公关策略。

在营销实践中，为了有效应对一些潜在的危机场景，企业需要提前进行场景模拟，制定应对策略。为此，需要把握以下三个关键点：

（1）识别风险点

针对不同的营销场景，企业需要进行细致的风险评估，识别潜在的风险点。比如，在电商平台营销活动中，商品质量问题最重要，任何关于产品质量的负面反馈都可能迅速发酵，损害品牌信誉。因此，企业应建立健全质量管控体系，确保所有上架商品均达到设定的标准，同时，通过消费者反馈机制，及时发现并解决潜在的质量问题。

物流配送问题是另一大风险点，物流效率低下或配送失误不仅会直接影响消费者体验，还可能引发退货潮，增加企业成本。另外，售后服务问题同样不容忽视。缺乏有效的售后支持，可能导致消费者投诉激增，负面评价蔓延，严重影响品牌形象。

（2）制订预案

在风险识别的基础上，企业必须进一步制订周密的危机应对预案，以确保在危机真正爆发时能够迅速、有序、有效地响应。以下是从危机公关与应对角度出发，制订预案时需要考虑的几个核心要素：

一是建立危机预警机制。危机预警机制是整个预案的起点，旨在通过持续监控内外部环境，识别潜在的危机信号，从而为危机的早期干预提供可能。企业应建立多渠道的信息收集系统，包括社交媒体监听、新闻监测、行业动态跟踪等，一旦发现异常情况，立即启动预警流程，通知相关部门和负责人，确保危机在萌芽状态就被察觉。

二是规范危机处理流程。危机处理流程是预案的核心内容，它详细描述了从危机识别到危机解决的整个操作步骤。流程大体包括危机确认、危机评估、决策与指挥、行动执行、信息更新与评估等几个环节。

三是制定信息发布策略。在危机公关中，及时、准确的信息发布至关重要。企业应制定一套信息发布策略,确保对外沟通的一致性和透明度。比如,确定发言人,指定一位或几位训练有素的发言人,负责对外发布官方声明和接受媒体采访;准备一系列预设的沟通模板,这些模板应涵盖危机的不同阶段和类型,以便快速响应;企业对外发布的消息需经过严格的审核,确保信息的真实性和合法性;利用官方网站、社交媒体、新闻稿等多种渠道,确保真实信息覆盖广泛,减少谣言传播等。

(3)场景演练

企业通过定期的危机应对演练,模拟不同场景下的危机事件,检验预案的可行性和团队的应变能力,确保在危机时刻企业能够迅速而有序地启动相应的危机应对机制,将损失降至最低。

以下是进行危机应对演练的几个关键步骤:

一是设计演练场景。危机应对演练应涵盖企业可能面临的各种危机类型,包括产品安全危机、数据泄露危机、自然灾害危机、供应链中断危机等。每个场景的设计都应尽可能贴近实际情况。

二是规划演练流程。企业处置危机的演练流程应清晰、具体,包括危机的发生、预警、评估、决策、执行、沟通和评估等各个阶段。每个阶段都应有明确的目标和预期成果,确保演练过程中能够准确识别预案中的不足和团队的短板。

三是模拟真实环境。为了提高演练的真实性,企业应尽可能模拟真实的危机环境,包括使用危机管理软件、模拟媒体采访、模拟消费者投诉等,使参与演练的人员能够感受到危机的压力和紧迫性,从而激发他们的真实反映和提高决策能力。

四是评估与复盘。演练结束后,应立即进行评估和复盘,总结演练过程中的亮点和问题，包括预案的适用性、团队的协作效率、沟通的及时性和准确性等。评估结果应作为预案修订和团队培训的重要依据，确保每一次演练都能够成为提升危机应对能力的机会。

综上所述，场景模拟是危机管理中不可或缺的一环，它能够帮助企业对发生危机保持警惕，做好充分准备，以应对未来可能遇到的各种挑战。

结束语

移动互联时代，探索属于你的营销新场景

移动互联时代，如同一片广阔无垠的海洋，蕴藏着无限的机遇与挑战。它彻底颠覆了传统营销模式，为我们打开了通往营销新大陆的大门。

在这个全新的营销世界里，用户主导、内容为王、数据驱动，成为新的营销游戏规则。为此，我们要找对并演绎好自己的不同角色。

（1）成为"心灵捕手"

过去，营销就像是在山顶上的大喇叭，对着山谷大喊，希望声音能传得更远，被更多的用户听见。但现在用户不再是被动的听众，更像是一个个独立的岛屿，等待着与品牌的单独对话。他们手握"遥控器"，可以随时随地切换频道，选择自己感兴趣的内容。所以，洞察用户的内心需求，了解他们的喜怒哀乐，就成了营销人的新使命。我们要成为"心灵捕手"，捕捉到那些微妙的情感变化，然后精准地推送用户真正需要的信息。这样，我们的营销才能像精准研制的导弹，直击目标。

（2）成为"故事大王"

现在的人们，每天都被海量的信息包围，他们对那些千篇一律的广告已经产生了"抗体"。所以，如何讲一个好故事，就成了我们吸引用户的关键。好的内容，不仅是传递信息，更要传递情感、传递价值。就像是

一本好书，不仅是文字的堆砌，更是能触动人心弦、让人产生共鸣的精神食粮。我们的营销内容也应该如此，应该让用户感受到品牌的温度，建立起与品牌的深厚情感连接。

（3）扮演"数据侦探"

在移动互联时代，数据就像是一座金矿，蕴藏着无尽的财富。消费者的每一次点击、每一次浏览、每一次购买，都为我们提供了宝贵的线索。通过数据分析，我们可以更准确地把握市场脉搏，了解消费者的真实需求，从而制定出更精准的营销策略。数据驱动，不仅让我们的营销更加科学、有效，还能为用户提供更加个性化、贴心的服务。

然而，移动互联时代并非一片乐土，机遇与挑战是并存的。信息安全、隐私保护等问题，就像是暗礁险滩，需要我们小心应对。因此，如何将技术与道德、商业与责任相融合，成了摆在我们面前的一个重要课题。

探索属于你的营销新场景，需要你不断学习，不断创新。只有拥抱变化，积极尝试新的营销模式、营销工具和方法，才能在这片新大陆上开拓出属于你自己的领地。要善于利用数据，用数据驱动决策，用数据赋能营销。要尊重用户，理解用户需求，与用户建立起真诚的连接桥梁。

记住，营销的本质是沟通，是建立连接，是创造价值。在移动互联时代，我们更需要用真诚和价值打动用户，用创新和变革开拓未来。

最后，让我们携手前行，在移动互联网这片广阔无垠的海洋中，寻找那片属于自己的营销新场景吧！